起業家ナース

大石茂美
OISHI SHIGEMI

幻冬舎MC

起業家ナース

はじめに

介護士が笑顔で働く施設をつくりたい――その夢を叶えたい一心で、私は51歳という年齢にもかかわらず介護施設の経営者になりました。

初めて私が介護の世界に足を踏み入れたのは、急性期病棟の看護師として約18年働いたあとのことでした。勤務する法人の人事異動で介護施設の責任者に任命されたのがきっかけです。

もともと急性期病棟という死と隣り合わせの緊迫した現場で長く働いていたため、介護施設ではゆったりとした時の流れのなかで利用者も介護士も笑顔で過ごしていると私は勝手に想像していました。しかし、初めて介護施設を訪れたときに介護士と利用者がいがみ合う険悪な雰囲気が広がっており想像とはまったく正反対の状況に驚きました。介護士は一日中時間と業務に追われ、利用者がストレスなく快適に過ごせるような心のケアをする余裕はまったくありません。またゆとりのない介護士に身の回りの世話をされる利用者は、介護士以上に笑顔を失ってしまっていました。認知症を患っている多くの利用者は記憶を失ったとしても感情は強く残っています。介護士が笑顔で話し掛けてくれればうれしい感情が残り、反対にイライラした口調で話し掛けられれば悲しい感情だけが残ってしまうのです。実際にその介護施設では介護士のイライラした態度が利用者の暴言を招き、その暴言がまた介護士をイライラさせるという負のループに陥ってしまっていました。

　私はそんな現状を目の当たりにし、身を引き裂かれるような思いがしました。人生の最期を過ごす場所である介護施設で利用者は毎日をイライラしながら過ごさなければならないなんて、これほど悲しいことはありません。介護施設こそ人生の最期にたどり着く穏やかに笑顔で過ごせる場所であるべきなのです。そして利用者を笑顔にするためにはまず介護士自身が笑顔でいなければいけない――私は介護士自身が笑顔で働ける理想施設をつくってみせると強く誓ったのです。

　それから私は介護士が本来の仕事に専念できるように職場環境を整えていきました。もちろんそう簡単に施設を変えられるほど甘くはありません。医療現場と違い、生活の場である介護施設では介護士が日常業務に慣れ切ってしまっているため閉鎖的で変化を嫌う傾向が強いためです。実際に私が示した改善策に対して賛同する介護士は一人もおらず、孤立無援のスタートだったのです。

それでも諦めずに介護資格がなくてもできる業務は外部に委託するなど、根気強く一つずつ施設の課題を解決し、介護士たちからの信頼も得られるようになっていきました。最終的には職場環境が改善したことで介護士は以前より余裕をもって利用者の心のケアができるようになり、施設の雰囲気も良くなっていったのです。

しかし、それでも私はまだまだ理想の施設にはほど遠いと感じていました。いくら施設の設備や環境が整っていても、どこか介護士はストレスを抱えている様子で、以前から課題であった離職率の高さは改善できていなかったのです。

私は介護士が笑顔で働ける施設をつくるには、職場環境など目先の条件を整えるだけではなく、土台となる教育から変える必要があると思いました。ただ一から教育するにはそれなりの時間とコストが掛かるため、すぐに施設の収益に直結するわけではありません。

実際、私のやりたい介護士の教育は、雇い主である法人の理解を得ることはできませんでした。法人の傘の下で改革を進めていくことに限界を感じた私は、教育の行き届いた介護施設を自分自身で経営しようと決意し、長年勤めた法人を退職したのです。

法人を退職してからはなんとかM＆Aで介護施設を譲り受け、経営者として起業することができました。ただその施設は利用者が少なく、その大半が福祉を利用して安い家賃で入居していたため、利益化の仕組みがまったくできておらず赤字続きの経営状態でした。それでも志を同じくする仲間の看護師とともに徹底的に施設のランニングコストを削減して改革を進め、約4カ月で黒字化させることができました。理想を実現するために必要だった介護士の教育についても、介護士が初任者研修や実務者研修を受けながら実際の現場も体験できる学校を設立しました。２０１８年には在宅入院制度を学ぶためにフランスへ視察研修に行ったり、在宅医療を通じた地域貢献にも取り組んだりして、介護士が本当に笑顔で働ける施設の実現へ向けて日々奮闘しています。

　私の夢はまだ道半ばです。しかし、理想の介護施設の実現を目指して進み続けてきた私の軌跡を本書に記すことで、夢を実現するという強い意志があれば、何かを始めるのに遅過ぎることはないという事実を一人でも多くの人に伝えられるのではないかと思いました。また、私と同じ志をもって理想の介護を追求したいと思っている人に、介護のあるべき姿、利用者に必要な真のケアとは何かについて考えてもらう一助となれば、著者としてこれ以上うれしいことはありません。

第1章

慌ただしく動き回り、疲弊するばかりの毎日——
患者一人ひとりに寄り添えない「病院看護の現実」

第2章

看護師のままでは状況は変えられない――患者に寄り添う看護・介護実現のために施設開業を決意

第3章

起業して分かった
真に求められる看護・介護のカタチ――
〝誰も取り残さない〟在宅医療と介護施設の整備

第4章

起業家ナースだからこそ実現できる！ 地域に根ざし、看護と介護の境目がないサービスの提供

第1章

慌ただしく動き回り、疲弊するばかりの毎日――
患者一人ひとりに寄り添えない「病院看護の現実」

メリヤス業を営む両親のもとに誕生

私は大阪府岸和田市で生まれ育ちました。メリヤス業を営む両親と、祖父母、兄、私の6人家族でした。私が成人する頃までは父の事業は順調で、習い事や欲しいものなど何不自由なく育ててもらったことを覚えています。

順調だった父の事業に暗雲が立ち込めるようになったのは、ちょうど私が高校を卒業する頃です。家業がメリヤス業でたくさんの洋服に囲まれて育ったせいか、私はファッションに強い興味をもっていました。将来はデザイナーになりたいと思い、高校卒業後はデザイン関係の専門学校への進学を希望したのです。

ところがここで思いも掛けないことが起こりました。それまで私の希望に何一つ反対したことのなかった両親が初めて私の希望の進路先に反対したのです。

両親はファッションの業界にいるからこそ、女性がデザイナーになって成功することは至難の業であるという現実をよく知っており、私に夢を諦めるように説得してきました。

両親のこのような反応を見て私はとても驚きました。それまで勉強にしても習い事にしても、私がやりたいと言ったことは何でも好きにさせてくれた両親が、初めて私のやりたいことに反対したからです。どのように説得しても両親は、デザイン関係の専門学校へ行くことだけは頑として首を縦に振ってくれませんでした。

今思えばこの頃すでに両親の営む事業が傾き掛けていて、私を専門学校へ行かせるお金を工面できなかったのだと理解できます。しかし当時はそのようなことをまったく想像もしておらず、私はすっかりへそを曲げて、好きなことをさせてくれないのであれば、学校には行かないし、仕事もしない、と反抗的になってしまいました。

そうして高校を卒業後も大学や専門学校に進学せず、仕事にもつかないまま、のらりくらりと過ごしていたある日のことです。日も暮れた頃、青い顔をした両親が帰って来るなり、会社が潰れてしまったことを打ち明けたのです。それを聞いて私はすぐには信じられませんでした。会社が潰れてしまった理由を問い詰めると、しばらく前から事業がうまくいっていなかったこと、そしていよいよ資金繰りがどうにもならなくなって倒産してしまったことなどをポツリポツリと話してくれました。

そこで私は初めてこんなふうにのらりくらりとしている訳にはいかない、今すぐ働かなくてはと思い立ち、慌てて翌日には求人が出ていた近所の歯科医院の門を叩き、歯科助手の仕事を得たのでした。

歯科助手としては約2年間働きました。しかし当時まだ18歳そこそこだった私は、自転車で近所の歯科医院に通ってエプロンをつけながら仕事をするよりも、ハイヒールを履いて大阪の都会のオフィスビルで働くＯＬに強い憧れをもっていたため、歯科医院を退職し、１９８７年に大阪市内の金融関連の会社に転職したのです。

目の前で倒れたてんかん患者

金融関連の会社で私が配属されたのは、クレジットカードの受付をする部門でした。当時、百貨店やスーパーがクレジットカードを発行するようになり始めた時代だったので、私はあちこちの百貨店やスーパーに行っては、カウンターでクレジットカードの受付業務を行っていました。

もともと人と話すことが好きだったので、この仕事は楽しみながら働くことができました。しかしあるとき、クレジットカードを申し込みに来た若い男性が突然、目の前で発作を起こして倒れてしまいました。必要書類に記入している最中に泡を吹いて倒れ、意識がないままけいれんを起こしたのです。

　この様子を見て驚いてしまった私は、すぐに彼のクレジットカードの申し込み書類に記載されていた自宅の番号に電話をし、電話に出た母親らしき人に目の前で彼が倒れていることを伝えました。するとさらに驚いたことに、その母親らしき人はいつものことだから放っておけばすぐに立ち上がります、と落ちつき払って電話越しに私に言ったのです。

　私が目の前で見ている限り、男性はすぐに立ち上がるどころか今にも死にそうな様子をしているように見えました。しかし、そのことを伝えても母親らしき人はあくまで冷静に、本当に大丈夫だと繰り返すばかりでした。電話でこうしたやりとりを繰り返しているうちに、男性はふと我に返った様子で立ち上がって椅子に腰掛けたのです。

　聞けば男性はてんかんの持病をもっていて、こうした発作はよくあるとのことでした。しかし当時の私はてんかんはおろか、病気に関する知識がまったくなかったために、目の前で男性が倒れてしまうことに恐怖を感じていました。クレジットカードの受付は私一人で行っていたため、その時々で担当する店舗は変わります。日によってはとてもへんぴな場所にある店に行くこともあります。そのような状況で、今回のようにまた目の前で人が倒れたり死にそうになったりしたら大変だと私は不安になり、このことをきっかけに金融関連会社は退職してしまいました。

宝石鑑定所でバブル景気を実感

次に就職したのは宝石鑑定所でした。時代は１９９０年で私は22歳、折しもその時代はバブル景気に沸き立っていた頃のことです。それは世の中全体が浮き足立っているような時代でした。例えば当時は外食に行っても私は自分の財布から代金を払った覚えはほとんどありません。焼き肉でもお寿司でも食事に行けばなんとなく隣の席に座っている紳士と会話が始まります。そしてしばらく楽しく話して、いざ会計をして帰ろうと思ったらすでに支払いを済ませていると店の人から伝えられて、自分で会計をすることなどほとんどありませんでした。

このような時代にあって、宝石鑑定所というのはさらに不思議な場所でした。毎日毎日、流れるようにものすごい数の宝石が鑑定に持ち込まれます。そしてその一粒に数千万円や数億円、時には数十億円もの価格がつけられていくのです。私自身は宝石鑑定所に勤めながらも鑑定士の資格はありませんから、事務員としてデータ入力などを主に担当していました。ところが事務員で入社してわずか数カ月でも、最初のボーナスで数十万円が振り込まれるのです。こうした時代背景のなかで当時は誰もが浮かれていたように思います。

ところがこうした毎日を過ごすうちに、次第に世の中全体の雲行きが怪しくなっていきました。バブル崩壊の足音が近づいてきたのです。宝石鑑定所に持ち込まれる宝石のサイズが日に日に小さくなっていくかと思えば、取引される金額もどんどん小さくなっていきました。

そんな変化をいち早く察知した私は、この宝石鑑定所もすぐに退職しました。実際にその後しばらくしてからバブルが弾け、日本はその後、失われた20年などと呼ばれる長い景気低迷に入ります。私が勤めていた宝石鑑定所もバブル崩壊に伴ってあっという間に倒産してしまいました。

宝石鑑定所という景気の移り変わりがダイレクトに反映される業界で、バブルの絶頂から崩壊の手前までを経験した私は、次こそは安定した仕事を探そうと強く思うようになりました。そして景気に左右されず、安定した収入を得られる業種は何かと考えたとき、真っ先に思いついたのが病院に就職することでした。医療分野ならば景気が良いときも悪いときも仕事がなくなることはないだろうと思ったからです。

看護助手第1期生として採用、医療の道へ

私が病院での仕事を探し始めた１９９４年は、ちょうど日本に看護助手の制度ができたばかりの頃でした。医療現場のマンパワー不足を補うための人材として、新たに看護助手制度を政府が打ち出していたのです。求人誌を見て「看護助手募集」の広告を目にした私はすぐに応募を決めました。看護助手の仕事は当時のほかの仕事よりも給与は高く、資格が不要だったことも魅力的に感じました。タイミング良くそうした求人募集に応募できたこともあり、私は看護助手として病院で働き始めたのです。

入職したのは40床ほどの病院で、手術や入院が必要な重症患者の救急医療に対応する２次救急を受け入れている病院でした。その病院で私は看護助手の第１期生として入職しました。看護助手はその後どんどん増えていきましたが、私が入職したときは私を含めてたったの３人でした。３人のうち１人は看護学生だったので、純粋な看護助手としての入職者は私を含めて２人だったと思います。

政府としても初めて看護助手制度を導入した時期であり、果たして看護助手がどのよう

な存在で、具体的にどのような業務を行うことができるのか、当時は誰もあまりよく理解していない雰囲気でした。現場で働く医師や看護師も看護助手に何ができるのか分かっておらず、当の看護助手自身もいったい自分たちが何をすればいいのか分かっていなかったのです。

しかし、それでも私自身はまったく不安を感じることはありませんでした。それよりも看護助手とはいったいどのような仕事をするのだろうかと、好奇心のほうが強かったのを覚えています。私は昔から不安を感じるよりも、根拠なく自信をもつことのほうが多い性格でした。これは新たな制度である看護助手にチャレンジしたときも、その後、自分自身で会社を興すようになったときも変わりません。子どもの頃から私のやりたいことをほとんど否定せずに、好きなことに挑戦させてくれた両親のおかげでこのような性格になったのだと今となっては考えることもあります。

看護助手になってからは、仕事時間の大半は患者の排泄介助をしていました。現場の看護師たちも新しく入ってきた看護助手に何を頼めばいいのか分からなかったのだと思います。何ができるか分からないけれど、排泄介助ならばできるだろうということで、最初は明けても暮れても排泄介助をしていました。

初めて排泄介助をしたときのことは忘れもしません。ナースコールが鳴って走って行くと、90代くらいの男性患者から、おしっこをしたい、と言われました。看護師からは尿器を使って排泄の介助をするように言われていたので、分かりましたと勢い良く返事をしたものの、初めての排泄介助にどうしていいのかまったく分かりませんでした。

そこで私は尿器を持って横に立って、ずっとおじいさんの顔を見ていました。するとおじいさんから、そんなにずっと顔を見られていたら、小便なんか出るわけがない、と怒鳴られてしまいました。今思えば恥ずかしい思い出ですが、そのときは本当にどうすればいいのか分からずに、ただ顔を見て案ずるしかなかったのです。

やる気に火をつけた先輩看護師の一言

看護助手時代は、ただただ仕事を覚えるのに必死でした。患者をベッドから車椅子に移動させたり、体位を交換させたりする方法などを教えてもらいながら、それを覚えるので精一杯の毎日だったのです。師長からは看護師免許の取得を勧められていましたが、当時は目の前の仕事を覚えるのに必死で、今さら勉強はしたくないので断ってばかりでした。

そんな毎日を過ごしていたある日、一人の看護師からある患者のオムツ交換を頼まれました。私がその患者のもとに歩き出したところ、私の背中に向かってその看護師が、どうせそんなことしかできへんやろ、とつぶやいたのです。

その言葉を聞いて私の頭のなかに浮かんだのは、看護助手で排泄介助やオムツ替えしかできないとしたら、看護師になれば何ができるようになるのだろうか、という疑問でした。腹が立つよりも先に、看護師という職業に対する好奇心を強く感じたのです。

また看護師の仕事に興味をもつと同時に、持ち前の負けん気もムクムクと姿を現しました。ほかの人がやっているなら自分にもできるはずだと考えて、急に看護師という職業を経験してみたいと思い始めたのです。

出願の締め切り2日前に看護学校受験を決意

私はそのセリフを言われてからすぐに師長のところへ飛んでいき、やっぱり看護師になると宣言しました。看護師のことを知るには看護師になるのがいちばん手っ取り早いと思ったからです。しかし、私が看護師になると宣言した日は偶然にも看護学校の出願締め切りのたった2日前だったため、私の宣言を聞いて驚きを隠せない師長の顔は今でも思い出します。そうして私は師長が慌ててそろえてくれた書類を持って、その足で看護学校の願書を提出しに行ったのです。

　看護学校の受験を決めてからは猛勉強を始めました。大学にも行かずのらりくらり暮らしていた私には受験の経験がありません。そこで高校生のときの恩師を頼り、受験勉強をみてほしいと頼みに行きました。ところがその恩師は、来年の合格は無理だから再来年に合格するつもりで頑張りなさい、と告げたのです。確かにそのときすでに看護学校の受験まで数カ月しかなかったため、恩師が再来年の合格を目指すことを勧めたのも無理はない話でした。

　それでも私自身は来年の合格を信じてひたすら勉強に励みました。私はできるかどうかではなくてやるかやらないかが重要だという考えを大切にしています。できるかどうか分からない挑戦だとしても、自分がやりたいと思ったらまずはやってみることで道が拓けると私は信じているのです。

　もちろん看護助手の仕事と看護学校の受験勉強の両立は簡単ではありませんでした。日中は朝の8時45分から午後5時半まで病院で働いているので、勉強は主に夜になります。

また仕事の途中に少しでも休憩時間があれば、ポケットからテキストを取り出して勉強しました。夜勤の間も貴重な勉強時間です。夜勤の間は主に過去問の演習を行い、問題集がボロボロになるまで演習を繰り返しました。

こうして死に物狂いで受験勉強をした結果、なんとか無事に合格できました。恩師は口をあんぐりと開けて驚きながらも、一緒に喜んでくれました。

こうして27歳で看護学生になってからは、病院で働いていてもそれまでとは仕事内容が変わってきました。あくまで看護師の助手として働いていた看護助手の頃は排泄介助がメインでしたが、看護師の資格を取ることを前提に看護の勉強をしている看護学生になってからは採血の見学をしたり、医療処置の手伝いをしたり、外来で患者の案内をするなど、より一歩踏み込んだ仕事内容に変化していったのです。

看護学生時代は、主に学校がない土日の夜勤に入っていました。そのようなときに夜間救急が来ると、看護師たちと一緒に救急現場に関わることもできるようになりました。目の前で医師や看護師が心臓マッサージなど救命のために必死で働く姿を見て、早く自分もできるようになりたいと励みになったり、緊急蘇生して元気になっていく人を目の当たりにすると、無事に助かったと胸が熱くなったりしたのを覚えています。

看護学校を卒業して准看護師の資格を取ってからは、できることが増えてさらに仕事が楽しくなっていきました。自分が関わった患者の病気や怪我が回復したり、どんどん元気になったりしていく様子を見て、やりがいを感じることが増えてきたからです。看護学校の先生からは、そのまま正看護師の資格を取るための勉強を続けるように勧められましたが私は断りました。勉強を続けるよりも現場で早く働きたいという気持ちがあったからです。

最もやりがいを感じた救急医療

准看護師として現場に出て、特にやりがいを感じたのは救急医療です。よく興奮状態になることを、アドレナリンが出る、と表現することがありますが、救急医療の現場ではまさにこの状態になります。アドレナリンが勢い良く分泌されて、自分では思いもしない動きを取れるようになることがあるのです。

救急現場での看護師は、頭で次の行動を考えると同時に手が動いているという経験をすることがあります。考えてから動くのではなく、まるで何かに突き動かされるように手が頭と同時に動くのです。これは救急現場を経験した看護師にしか味わえない、極めて特殊な体験です。

もちろんどれほど全力を尽くしても助けられない命もあります。そのようなときは自分の無力感に打ちひしがれることもあります。しかし、命を助けられたときの気持ちは、人生のなかでどの経験にも代えがたいほどの達成感を味わうことができるのです。

消防署から患者の搬送の連絡が来ると、患者の性別や年齢、搬送時の状況などの事前情報から医師や看護師はあらかじめおおよその状態を想定することができます。いざ本当に患者が運ばれて来ると、あらかじめ想定していたとおりのこともあれば少し違っていることもあります。いずれにしても患者を目の前にすると医師も看護師も瞬時に状況を判断して、それぞれ今自分がなすべき行動に向かって動き出すのです。

救急医療はほかの現場ではあまり見られないほどのチームワークも発揮されます。命を助けたいという共通の目標に向かって、その場にいる全員が一緒にひた走るのです。もちろん声の掛け合いはありますが、一種のあうんの呼吸が生まれます。普段はどれほど気の合わないスタッフ同士だとしても、救命救急の場においては隣の看護師が次に何をするかが手に取るように分かります。

一刻一秒を争う現場であるためスピード感が求められる一方で、その場で行われる一つひとつのシーンはスローモーションのように感じることもあります。私は救急医療の現場を通して物事を俯瞰して見ることを学びました。それは常に自分にできることは何かということを自分自身に問い掛けていたからです。急を要しない日常の看護業務をしているときでも、常に看護師として患者に何ができるかを考えているからこそ、いざというときに時間をおかずに必要な行動を取ることができるのです。

介護や福祉の場に身をおく今になっても、救急現場はすばらしく、本当に看護師として仕事の喜びを教えてもらえる現場だと思っています。

戦争経験者だった祖父が教えてくれたこと

准看護師になってからは病院で働いて約3年が過ぎ、私のなかには次なる目標が湧き起こってきました。その目標とは国境なき医師団に参加することです。

国境なき医師団とは、医療や人道援助の分野で活躍する民間の非営利団体です。紛争や自然災害、貧困などによって危機に直面する世界各地の人たちに対して緊急医療援助を行っています。准看護師免許を取得して3年目を迎えた私は、看護の本質を知りたくて、そのための手段の一つとして国境なき医師団に強い興味をもったのです。

国境なき医師団に興味をもった理由は亡き祖父にも関係していました。祖父は私がもの心ついた頃には結核を患っていて、家族と離れて療養所で暮らしていました。家族は幼かった私にはっきりと病名は伝えず、おじいさんは肺が悪いから治療しているとしか言いませんでしたが、今から思えば結核だったのだと思います。

当時、結核は不治の病に近い病気でした。そのため祖父は長い間入院していて、ほんの時折外泊が許されたときに私たち家族の住む家に戻って来る生活でした。私は祖父が大好きだったので、滅多に会うことのできない祖父が珍しく帰ってきたときには、いつもそばでいろいろな話を聞かせてもらっていたものでした。

祖父から最もよく聞いたのは戦争の話でした。祖父は戦争経験者であり、従軍中に敵の兵隊に目を撃たれて片目に義眼をつけていました。義眼をつけているほうの目は寝ている間も閉じることがないので、祖父は熟睡しているときでも片目はぱっちり開いたままでした。幼かった私は義眼のこともよく分からずに、おじいさんはすごいな、目を開けたまま寝ることもできるのだと感心したのを覚えています。

祖父は私をひざの上に乗せてたくさんの話をしてくれました。そうした話のなかには、ついさっきまで隣で一緒に話したり笑い合っていたりしていた仲間が一瞬で亡くなってしまったことや、戦争で何人もの人がバタバタと倒れていった話など、一度聞いたら忘れられないような体験談でした。眠れず、食事もなく24時間常に命の危険にさらされている状況下で、かろうじて生きながらえた極限の経験も語ってくれました。

祖父の話は子どもだった私には完全には理解できないものもありました。しかし子ども心にとても大切な話をしてくれていることだけは理解していたつもりです。私が小学校に上がる頃に祖父は亡くなってしまいましたが、祖父から聞いた話は大人になった私の心のなかにしっかりと残っていたのです。

看護師になってからは、また違った角度から祖父の話を考え直すようになりました。看護師は人の命を預かる仕事でたくさんの生き死にと直面します。しかし私たちが仕事をするときは、医師や看護師などたくさんの医療従事者がそばにいて、いくつもの医療機器がそろったなかで看護を行います。そのような環境に慣れれば慣れるほど本来の看護師の役割とは何かについて深く考えることが多くなっていきました。

祖父が経験した戦争のように十分な医療機器や設備もなく、マンパワーもないなかで、看護師は何ができるのかを知るために、私は国境なき医師団を目指そうと決心したのです。

国境なき医師団を目指して単身渡米

国境なき医師団を目指すと決めてから私はすぐに行動に移しました。まず始めたのは英語の勉強です。多国籍のチームで活動する国境なき医師団では、英語などでコミュニケーションを取ることが必須と考えたからです。そこで約3年間勤めた病院の退職金を握りしめ、2000年、私はアメリカのサンディエゴに飛びました。滞在先をサンディエゴにしたのは海が魅力的だったからです。私は中学生の頃からサーフィンをしていたので、海が大好きでした。そのためビーチが身近にあるサンディエゴに親しみを感じて渡米先に選んだのです。

私はほとんど英語を話すことができませんでしたが、このときももち前のなんとかなるという性格からかあまり不安を感じることはありませんでした。そしてデザイン関係の専門学校に行くことだけは反対した両親も、私が独りで渡米すると言ったときはまったく反対をしませんでした。

国境なき医師団に参加したいこと、そのために語学力をつけたくてアメリカに行くことなどを話すと両親はいっさい止めることなく送り出してくれたのです。

サンディエゴに行ってからはすぐに語学学校へ入学しましたが、基本的に語学学校は入学に際して簡単な実力テストがあります。私はそのテストのヒアリングでたまたま高得点を取ってしまったために、ほとんど英語を話すことができないにもかかわらず、上から３番目のクラスになってしまいました。実際にはほとんど英会話ができなかったので、自分以外は日本人が一人もいない状況で周囲とコミュニケーションを取ることもできず、あっという間にホームシックになってしまいました。

私は現地で自分一人の力で生活したいという思いが強かったので、ホームステイなどはせずにアパートを借りて一人暮らしをしていたため、最初の渡米は半年もするとすぐに資金が尽きてしまいました。学費に加えて家賃や食費、光熱費など多くのお金が掛かり、退職金と失業保険などで用意した１５０万円ほどをあっという間に使い切ってしまったのです。

そのため一度日本に帰国して看護師の夜勤アルバイトをして資金をためて、再び渡米しました。２度目の渡米では現地で暮らしていた友人とルームシェアをして暮らし、今度は３カ月ほど滞在しながら語学を学びました。このような生活を繰り返し、トータルで３回ほど渡米しました。３回の留学によってアメリカで過ごした期間が延べ１年ほどになる頃には、現地で言葉によって困ることはないくらいまでに語学力をつけることができたのです。

そしていよいよ念願だった国境なき医師団に応募しようとして、応募要件を詳しく見た私は愕然としました。なぜなら国境なき医師団に応募するためには正看護師の資格が必要で、准看護師では応募すらできないと知ったからです。

帰国後は名前に惹かれて急性期病院へ入職

この出来事は私自身の性格を表す特徴的なエピソードかもしれません。何か決まればすぐに行動を起こしますが、肝心なところでおっちょこちょいなところがあるのです。こうして国境なき医師団という目標が頓挫してしまった私は、無念のうちに次なる就職先を探すことになりました。

次なる就職先として選んだのは、初めて勤務した病院と同様に、二次救急だけでなく夜間救急も受け入れている病院でした。その病院を選んだ理由は名前が美しかったからです。病院名に理事長の名前や地域の名前を入れる病院が多いなかで、その病院は〝花〟という字を使っていて、私はその病院名の響きにとても惹かれたのです。またそこに勤めている友人から話を聞いてみると、働きやすい病院だと評判も高かったのでさっそく面接を受けに行きました。

　ところがほんの少し前までアメリカで暮らしていたため、私は完全に外国かぶれした状態で面接に臨んでしまいました。当時はまったく気にしていなかったのですが、今思えば髪の毛も黄色に染めており、面接時の態度もフランク過ぎだったと思います。

　実際に、面接を受けてから何週間経っても返事をもらうことはできませんでした。その間、私は何度も面接の結果について根気良く問い合わせ続けて、約２カ月が経った頃にやっと採用の返事をもらうことができたのです。

　入職した病院は以前勤務した病院より数十床ほど規模が大きく、慢性期病棟と急性期病棟に分けられていました。私は急性期病棟の配属で、特定の診療科だけではなく幅広い診療科を担当しました。手術も積極的に行っている病院で、ここでは本当にさまざまな経験を積むことができました。

自分で考えて判断できる看護師のあり方を知る

この病院で経験を積んだなかで最も感謝していることは、看護師が自分で考えて行動することを尊重し、多くの仕事を任せてもらえたことです。もちろん看護師は医師の指示のもとに診療の補助を行います。しかし、自分で一度考えたうえで医師の指示を受けて動くのと、何も考えずにただ言われたとおりに動くのとでは身につく知識や経験が大きく変わります。

同じように看護師として仕事をしていても、自分の頭で考えずにただ単に言われたことだけをこなしてきた場合、誰かに指示をされないと何もできなくなってしまうことがあります。その点、この病院では自分で考え、自分で判断するチャンスを与えてもらいました。また、患者の状態を観察して医師に報告する際に、看護師としての考察まできちんと聞いてもらっていました。

例えば、患者が熱を出したとします。何も考えずに指示されたとおりに動く看護師であれば、ただ医師に夕方に患者が熱を出したと報告するだけになってしまうかもしれません。

しかし、この患者は発熱したため尿を確認したところ、混濁が見られるので尿路感染の可能性が高いと思われる、というように看護師なりの考察まできちんと伝えるチャンスが与えられていたのです。

看護師からこのような考察を伝えられると、医師としてもその状況に合わせた次につながる的確な指示を出せるようになります。自分で考えられる看護師を育てるということは理事長の方針でしたが、この病院では医師も看護師も職種間の垣根がなく、チームで患者を治療することができたのです。

この経験はのちに訪問看護師として働くようになったときに大きく役立ちました。同じ建物内に医師やほかの看護師が大勢いる環境とは異なり、訪問看護の現場では自分一人であるため、たった一人で考えて判断する能力が求められます。

慣れないうちは一人で判断しなければならないことに戸惑う看護師も少なくありません。しかし私は少なくとも自分で考えて行動することに恐れはありませんでした。それは病棟時代から自分で考える訓練をさせてもらったおかげだと感じています。

今では仕事を通じてさまざまな病院で働いてきた看護師と話す機会がありますが、看護師としての年数は私と同じくらいでも、自らの経験の少なさを嘆く看護師に何人も会ってきました。

そうした話を聞くたびに私は年数だけでキャリアをはかることはできないと痛感します。私自身は数え切れないほど多くの経験をさせてくれたこの病院に今でも感謝を忘れたことがありません。

ミスをフォローしてくれた理事長への敬意

当時の理事長の方針や、それによって私自身が救われた経験を物語るエピソードがあります。今でも忘れられない経験ですが、急性期の病棟で働いているときに、患者に痰の吸引をしていました。痰の吸引とは鼻から細いチューブを入れて患者の痰を吸い取る行為で、看護師にとって日常的に行っている業務です。

ところが吸引をしたあとに患者は呼吸ができなくなってしまい、みるみるうちに酸素濃度が下がっていってしまったのです。痰の吸引中は酸素も一緒に吸い上げるため一時的に呼吸が止まります。本来であれば吸引が終われば呼吸はもとに戻るのですが、このときはどういうわけかチューブを引き抜いたあとに機能的に気管が閉じてしまい、呼吸ができなくなってしまったのでした。

患者に吸引が終わったと声を掛けても返事がなく、呼吸ができなくなっていることに気づいた私は目の前が真っ暗になりました。そしてすぐさま院内の緊急連絡用エマージェンシーコールを押して、周囲に異変を知らせたのです。すぐに仲間の看護師たちが走ってきて、患者をストレッチャーに乗せてＩＣＵに連れて行ったり、医師を呼んだりしているのを横目で見ながら、私は恐怖で身を震わせて一歩も動くことができませんでした。

医師がやって来ていろいろな処置をしても、どうしても酸素飽和濃度が上がらず患者の呼吸は回復しません。そこで医師が挿管といって気管に直接チューブを入れることで呼吸を確保する処置を行い、なんとか患者は一命をとりとめたのです。

しかしこのとき気管挿管をしてくれた医師が、処置が終わったあとに私のほうを見て、いったいなんてことをしてくれたんだ、お前のせいで患者が亡くなるところだった！もしも患者に万が一のことがあったらお前の人生は終わりだぞ、訴訟になることも覚悟しておけ！と鬼の形相で怒鳴り散らしたのです。

どれほど強く叱責されても、私は黙ってうなだれることしかできませんでした。医師の言うことはもっともであり、正論だと感じたからです。

ところがそのとき、たまたまほかの患者の手術後の管理のために通り掛かった理事長が怒鳴っている医師とうなだれている私を見掛けて何事かと状況を見に来てくれました。医師は私が痰の吸引をしたら、患者が気管挿管になり危うく殺すところだったと説明すると、今度は理事長がその医師に向かって烈火のごとく怒りました。

看護師にそれを言うことがどういうことか君は分かっているのか、看護師が不注意でミスを犯したならともかく、細心の注意を払っていても起きてしまったアクシデントを人殺しなどと言って責めるべきではない、君のその一言が看護師を潰してしまうかもしれないのだ、と理事長は医師に向かって厳しく叱責したのです。

そのとき私は心底、やはりこの人はすごい人だ、と感心しました。私のやったことは確かに重大なアクシデントです。しかし、どれほど重大なアクシデントだったとしても、やみくもに叱責したのでは相手は萎縮するばかりです。また医療行為はどれほど細心の注意を払って行ってもリスクをゼロにすることはできません。このときも私は細心の注意を払っていつもと同じように吸引していましたが、このようなアクシデントが起きてしまいました。万全の注意を払っていても一定の確率で起こる可能性のあるアクシデントで看護師を必要以上に責めてしまうと、看護師が再び自信をもってケアをできなくなってしまうことはあり得ます。事実このときの出来事は私のなかでトラウマのようになっていて、何年も経った今でも患者に吸引をするときに恐怖を感じることがあるのです。

理事長は日々、自分で考えて自分で行動できる看護師の育成に力を入れてきました。ところが看護師が萎縮してしまったら、恐怖心からもう二度と自分で考え行動することなどできなくなってしまいます。そうすれば、優秀な看護師を育てることはできなくなってしまうと考え、理事長は医師を叱責したのだと私は理解しています。

この一件以来、私はますますこの病院で働くことにやりがいを覚え、仕事にのめり込んでいきました。また理事長に対する尊敬の念もさらに強くなっていきました。仕事自体も大好きな救急に思い切り関わることができ、同じように看護師という仕事が大好きな仲間たちに囲まれて本当に恵まれていたと思います。

役職をもつために正看護師の資格を取得

そのように仕事に邁進していたある日のことです。看護部長から役職に就いてほしいと伝えられました。このとき私はすでに入職してから10年が経過し、病院内でベテランの看護師になっていました。また、病院としてもどんどん規模を拡大していた時期だったので、管理職を養成する必要性があったのだと思います。

ところがここに問題が一つありました。私は病院内でのキャリアは順調に重ねていましたが、まだ資格は准看護師のままだったのです。自分としては准看護師であっても正看護師と仕事内容は変わりませんし、准看護師のままでも不自由は感じていませんでした。しかし、准看護師のままでは役職に就くことができないため、ここで初めて正看護師になる決心をしたのです。

働きながら正看護師になるための学校に2年間通い、２０１０年、42歳の頃に晴れて正看護師になりました。自分でも意外だったのは、正看護師になって初めて、それまでの自分がどこかひねくれて斜に構えていたことに気づいたことです。

自分のなかでは、正看護師でも准看護師でもやっている仕事は変わらないし、何も不自由はないと思っていました。しかし実際にはやはり待遇面などに差があることはもちろんのこと、学んできた内容も異なります。私は無意識のうちに自分が准看護師であることに引け目を感じて、肩肘を張っていたことに気づいたのです。

自分自身の無意識下での劣等感に気づき、正看護師になることでその劣等感から解放された私はさらに仕事に夢中になりました。それまでと仕事内容は同じでも、自分自身の視点やとらえ方が変わり、よりいっそう仕事が面白く感じるようになったからです。

正看護師になってからは、それまでの業務に加えて新たに管理業務に就くようになり、病棟運営やスタッフの教育にも関わるようになりました。看護部長とともに病院をさらに良くしていこうという思いが強くなっていたのです。

介護施設に行ったら、もう二度と病棟には戻れない……

病院づくりや病棟運営に邁進していたある日のことです。理事長から思いも寄らないことを告げられました。理事長は私に新たに立ち上げる介護施設を任せたいと言うのです。勤務していた病院にはすでに1軒介護施設がありましたが、2軒目の施設立ち上げにあたり私が管理者として任命されたのでした。

私は急性期の仕事が面白くてたまらなかったため、この誘いには驚きを隠せませんでした。何より正看護師の資格を取ったのは、看護部長や仲間たちと一緒に理想の病院づくりをしていきたかったからです。介護施設を運営するために正看護師の資格を取ったのではありません。

また病棟を離れることに対する不安もありました。医療は日進月歩のため、少しの間離れるだけであっという間に浦島太郎になってしまいます。介護施設などに行ったらもう急性期病棟へは戻って来られないのではないかという恐怖がありました。

今ではそのようなことはないと理解していますが、当時は本気で介護施設に行ったら自分は看護師ではなくなってしまうと考えていました。このときの私は、看護師といえば急性期でバリバリ働いてこそ看護師だという思い込みがあったのだと思います。オペをしたり抗生剤を投与したりしてこそ一人前だと誤解していたのです。今はこのときの自分の考えが未熟だったと痛感していますが、当時は本当に介護施設に行くなど考えられませんでした。

そのため私は理事長の依頼に無理だと即答しました。いくら尊敬する理事長の依頼とはいえ、介護施設の運営はあまりに私のやりたいこととはほど遠いと思ったからです。しかし理事長はなかなか引き下がりません。そうしてしばらく押し問答をしたあとに、なぜ私なのかと問うと、理事長は私がずっと居場所を探しているように見えるというのです。

この言葉は私の心臓を貫きました。居場所を探しているなど自分自身では考えたこともありませんでした。しかし准看護師時代の肩肘を張った姿勢や周囲に対して素直になれなかった態度を、理事長は居場所を探していると表現したのかもしれないと感じたのです。

この言葉を聞いたときに私はどこか納得してしまいました。ずっとがむしゃらに頑張ってきたつもりでしたが、どこか自分自身に自信をもてなかったり肩肘を張っていたり、そのせいで周囲に溶け込めていない自分に気づいたようにも思いました。こうしたさまざまな思いが頭のなかを駆け巡り、気づけば私は理事長の依頼に応えていました。

介護施設の立ち上げにあたり、まずは既存の施設で介護について学ぶことになりました。法人としてはすでに1施設目となる有料老人ホームを運営していたため、新施設の管理者になる準備期間として約半年間そこで介護について勉強することになったのです。

看護師には丁寧に、介護士には乱暴になる利用者たち

介護現場に行って驚いたことは想像とは正反対の殺伐とした雰囲気が広がっていたことでした。死と隣り合わせの急性期病棟とは違い、介護施設ではゆったりとした時の流れのなかで利用者も介護士も笑顔で過ごしていると私は想像していました。しかし実際には介

護士は忙しそうに走り回るばかりで笑顔はなく、利用者も暗い表情でうつむいている人ばかりだったのです。

もう一つ驚いたことは利用者の、私に対する態度と介護士に対する態度がまるで違っていたことです。忙しそうな介護士に向かって怒鳴るかのようにお手洗いに連れて行ってと叫んでいる利用者が、白衣を着た私が近くに来た途端に表情を変えて丁寧な話し方に変わるのです。

私が近づくと、先ほどまで鬼の形相で叫んでいた利用者がたちまち穏やかになり、看護師さん助けてください、私はお手洗いに行きたいのです、とすがるような口調に変わります。利用者は私に対してすっかり大人しい態度で、介護士がいかに親身でなく、それによって自分がいかに困っているかを切々と訴えるのでした。

病院では基本的に白衣を着た医療職しかいないため、白衣を着た看護師とそうではない介護士とで、患者や利用者の態度が変わるところなど見たこともありませんでした。この初めて見る現象に私はすっかり驚いて、もっと介護施設のことを知らなければダメだと痛感しました。そこで翌日からは、自分も白衣を脱いで介護士と同じようなユニフォームを着て現場に行くことを決めました。

介護士の服装で施設に行った私に対する利用者の態度は、昨日とは真逆のものでした。昨日まで丁寧な口調で話し掛けてきた利用者が、まるで違う乱暴な口調で要求してきたのです。

それればかりかそばを通るだけで強く手をつかまれて、もう部屋に帰りたいから、連れて行ってなどと言う利用者もいました。しかし、このときはデイサービスのレクリエーションが始まったばかりで、すぐに部屋に連れて行くわけにはいきません。そのことを説明し、ここでもう少し一緒に過ごすことを伝えると、ものすごい剣幕で責められたのです。

ここで私はまたしてもビックリしてしまいました。看護師の白衣を着ているか介護士のユニフォームを着ているかの違いがあるだけでどちらも同じ私です。そして、私が白衣を着ているときはどの利用者も穏やかにしているのに、白衣を脱いだ途端に利用者の態度が天と地ほど変わってしまうことが信じられなかったのです。

同時に介護士のうんざりしたように見える疲れ切った表情の理由も分かる気がしました。利用者からこのように乱暴に話し掛けられては、いくら介護士が心の底から要望を叶えたいと思っていても、円滑な人間関係を築くことが難しいのは明らかだったからです。

介護現場の深刻なヒエラルキー

この現実を知り、もっと介護士の気持ちになって現場を見ないと正しいことが何も分からないと思いました。そこで次の日からもずっと白衣は着ずに、介護士のユニフォームを着て現場に立ち続けたのです。するとさらに多くのことに気づきました。

一つは、どうも介護施設のなかである種のヒエラルキーが存在しているということです。利用者は介護士に対して命令口調で接します。するとそのような態度で接せられた介護士も、仕事だからとただ言われたことを不満げにこなすという負のループができてしまっていました。

また、これはもっとあとになって私が在宅訪問看護を始めるようになってから気づいたことですが、介護施設と同様のヒエラルキーは在宅の場にもありました。在宅の場で利用者は看護師には丁寧な態度で接しますが、掃除や料理をしに来てくれる介護士に対しては非常に横柄な態度を取る人がいるのです。もしかしたら利用者は介護士に対して自分の面倒をみてくれる介護のプロフェッショナルというよりは、家政婦でも雇っているというような意識になるのかもしれません。これは日本の介護の大きな問題点であると私は今でも考えています。

介護士と利用者の間の深刻なコミュニケーションエラー

このほか介護士と利用者の間で、深刻なコミュニケーションエラーが起きていることも分かりました。この施設では認知症患者が大半を占めていましたが、介護士が十分なトレーニングを受けていないため、認知症患者と円滑なコミュニケーションを取る手段を知らなかったのです。

例えばお手洗いに行きたい、立ち上がりたい、歩きたいという欲求を覚えると、利用者は今その瞬間に欲求を満たしたいと感じ、大きな声で欲求を伝えます。これは認知症患者にとってはとても切実な欲求です。認知症患者は記憶を保つことができないため、食事を食べるために直前に座ったばかりだとしても、その数秒後に立ち上がりたいと思ったらずっと立ち上がることだけを考え続けます。

これに対して介護者は、健常者の世界や常識のなかで生きています。健常者である介護士の言い分は至って正論です。例えばお手洗いについては、数分前に行ったばかりだからまだ行く必要がないと考えたり、立ち上がりたいという欲求に対しては、今座ったばかりなのになぜすぐに立ち上がるのかと考えたりします。

つまり認知症の利用者と介護士はそれぞれがまったく別の世界にいて、見ている景色がまるで違うのです。本来トレーニングされた看護師や介護士であれば、認知症患者を相手にする際には相手の世界に降りて行ってコミュニケーションを取ることができます。しかしそれをせずに健常者の常識で認知症の利用者に接しているため、大きなコミュニケーションエラーが起きてしまっていたのです。これは双方にとって非常に不幸な状態です。

特に施設に入居している認知症患者の場合、日常のなかに何も役割がないことがほとんどです。人は皆なにかしら役割をもって生きていますが、施設の認知症患者にはそれがありません。そうするとどうしても意識が、お手洗いに行きたい、立ち上がりたい、歩きたい、という自分の内側の欲求に向いてしまいます。数分前にお手洗いに行ったばかりだとしてもそれは認知症患者には関係がないのです。

ここでトレーニングされた看護師や介護職であれば、認知症の利用者にはなんらかの役割をもたせることでトラブルを避けるという選択ができます。役割をもたせることによって、繰り返し感じる欲求から意識をそらすことができるからです。例えば何度もお手洗いに行きたいという利用者に対しては、タオルを畳むのを手伝ってほしいと、何でもいいので役割をもってもらいます。すると自分の役割を見つけた利用者は、タオルを畳むことに集中して、何度も介護士を呼びつけて欲求を伝えることをやめるケースもあります。

ところが介護士が十分にトレーニングを受けていないと、そのような対応を取ることができずにお手洗いに行きたいという欲求に対して、今行ったばかりだと正論で返すため利用者との間に重大なコミュニケーションエラーが発生してしまいます。認知症は記憶を保つことができない病気なので、利用者が直前にトイレに行ったことを忘れてしまうのは仕方のないことです。本来であれば介護士が利用者を傷つけないようにしながら、すぐに対応しなくてもいい欲求から気をそらすことができるようにケアすべきです。しかしそれができないために介護士も利用者も不満を募らせているのでした。

私は介護施設で学ぶなかで多くの介護士と、なるべく話をするようにしました。彼らに介護士になった理由を聞くと多くの人が、ありがとうと言ってもらえる仕事、誰かの役に立てる仕事だからだ、と答えていました。このように現場で働く介護士は皆、誰かのためになりたいという思いやりをもった人ばかりなのです。

しかし、いざ現場に立つと利用者から乱暴な言葉を掛けられるとあっては、誰も本来の思いやりを発揮することなどできません。いくら利用者のために何かしたいと思っても、コミュニケーションがうまく取れないなかでは介護士に一方的な自己犠牲を強いることになり、仕事にやりがいを感じるなど不可能です。その結果、利用者にしてあげたいと思う気持ちと現実のギャップが生じ、大きなフラストレーションになることが分かりました。

管理者もオーバーワークでマネジメント不可能な状況

現場の介護士以外に管理職にも問題があることも分かりました。管理職があまりにオーバーワークでしっかり施設の管理ができているとは言い難い状況だったのです。全体的な傾向として人手が十分に足りていないなかでは、どうしても管理職にしわ寄せがいってしまいます。

例えばスタッフのなかの早出の人が休んだら、代わりのスタッフが入ることができなければ管理職が早く来て現場を手伝わなければなりません。そして現場を手伝いながら、管理者は管理職としてさまざまな打ち合わせや会議に出席しなければなりません。

さらには管理職といっても全員がマネジメントを学んではおらず、現場で経験を積むうちに管理職になった人がほとんどです。その場合、上手にマネジメントをする方法を知らないため、マネジメントを学んでいない管理職が指揮を執ることが現場に大きな負担になってしまう場合があります。例えばこの施設で管理者は、本来行うべきマネジメント業務をまったく行っていませんでした。なぜかというと管理者であるにもかかわらず、休んだ人の穴埋めのために入浴や食事の介助を行うなど、現場スタッフと同じ仕事をしてしまっていてマネジメントにまで手が回らなかったからです。本来ならば管理者は各業務で十分に人が回るように組織づくりをする立場なのですが、人が足りないと言われれば管理者自らその穴埋めをしてその場しのぎの対応を続けてしまっていたのです。また管理者が常にあちこちの現場で働いているため、スタッフは何か相談したいことや判断に迷ったことがあってもそれを相談したいときに管理者がいないという状態でした。そのため必要なときに適切な指示がもらえないことに対する、不満が高まっているようにも感じられました。

打ち合わせや会議、現場のサポートに加えて膨大な書類業務も管理者を追い詰めます。介護施設を運営するには多くの書類を整備したり記録を取ったりしなければなりませんが、介護施設で働く人のなかでパソコンを使った書類業務を得意とする人は多くないことがほとんどだからです。施設にもよりますが、パソコンを扱えない年配の介護士が多い場合は書類整理をほかのスタッフに任せることができず、すべて管理職の仕事となり、とても大きな負担になってしまうのです。

そうなると管理職が本来の責務であるマネジメントに十分な時間を割くことができず、組織の運営に支障を来してしまいます。私自身しっかりマネジメントを学ばないまま病院で管理職になってしまったことがありますが、何十年も歴史のある病院と、できて数年の介護施設とではまったく状況は異なります。勤務していた法人の病院は何十年も続く歴史のある病院なので、各業務について誰がどのような段取りで行うかなどは、すでにしっかりとやり方が確立されています。それはある意味では病院の文化として代々引き継がれているものです。そのため主任や師長などの役職者が個別にマネジメントを学ばなくても、現場はそれほど混乱することはありません。しかしこの介護施設はオープンしてまだわずか数年で、そのような文化はありませんでした。だからこそ管理者がしっかりマネジメントするべきなのですが、それができていないため混乱していたのです。

孤立無援の介護施設で一人頭を抱える日々

このように私が勉強のために訪れた介護施設は、ほんの少し経験しただけでも分かるほど課題が山積みでした。もともと良い施設だから必ず勉強になると言われてやって来た施設です。しかし私の目に入ってきた介護現場の姿は、それまで聞いていた笑顔が溢れる場所とはほど遠いものでした。

介護施設の現状を目の当たりにして私は悩みました。良い施設と聞いていたものの、どこをどのように見ても利用者もスタッフも幸せそうには見えず、仮にこれを良い施設と呼ぶのであれば、自分はいったいどのような施設をつくればいいのか、同じように誰も幸せではない施設をもう一つつくることを求められているのだろうかと、すっかり頭を抱えてしまったのです。

加えて介護施設で私自身が完全に孤立していることも悩みの種でした。病院から突然やって来て看護師である私に対して既存のスタッフたちの視線は冷ややかで、とてもではありませんが分からないことを相談する相手を見つけられるような状況ではなかったからです。
私自身は意識していなかったとしても、理事長直々の辞令でやって来ている私は経営サイドの人間とみなされて、現場スタッフからすれば煙たい存在だったのだと思います。スタッフは皆、緊張した面もちで私を見ては、この人は何をしに来たのか、何か理事長に告げ口でもされるのではないか、と疑っている様子でした。そのように煙たがられていた私は介護施設のなかで完全にアウェイで、私が施設に来たことを歓迎する人は誰もいないように感じられました。

それは、現場のスタッフだけではありませんでした。ケアマネジャーでもある施設長も、私に対して警戒心をもっているようでした。ほんの少し前まで病院のことしか知らなかった私はとにかく介護のことを学ぼうと、ひたすら現場に出るとともに書籍などでも勉強しました。そして分からないことは施設長などに頭を下げて介護保険について指導してほしいなどと頼みに行きました。

しかしそのたびに施設長は私を冷たくあしらって、忙しいのでまた時間があるときにしてほしいと、結局一度も教えてもらえなかったのです。

そもそも介護現場は一般的に変化をあまり好みません。一方の医療は業務のなかで日常的に変化があるのでそれを受け入れることに対して抵抗感がありません。医療技術は進歩していきますし、患者の容態も日々変化するほか、自分の担当が変わったり業務のやり方が変わったりすることも日常茶飯事です。

これに対して介護は生活の場であるため大きな変化はほとんど起こりません。介護現場では毎日が平坦に流れていくのです。このような業務の性質の違いからも、介護の世界はあまり変化を好まないという特徴があります。

結局、私は一人で離れ小島のような場所に机を与えられ、そこで相談相手も見つけることができずに、いったい自分はどのような施設を目指せばいいのだろうかと悶々とする日々を送ることになったのです。

第2章

看護師のままでは状況は変えられない――
患者に寄り添う看護・介護実現のために
施設開業を決意

利用者が幸せであるためには介護士が幸せでなければならない

看護師の白衣を脱いで介護士のユニフォームに着替えた瞬間に、利用者から心ない言葉を浴びせられることに驚いた私は、介護現場のありのままを知るために、その後も介護士のユニフォームを着て過ごしました。机は相変わらず一人ぼっちの離れ小島でしたが、それでも介護現場にはどのような問題があり、どうすればその問題を解決できるのかを毎日考え続けたのです。

そうしたなかで見えてきた答えは、利用者が幸せになるためにはまず初めにケアをする介護士自身が幸せでなければならないということでした。利用者と介護士がいがみ合っているように見えた介護現場でしたが、もちろん両者は四六時中いがみ合っているわけではありません。慌ただしい日々のなかでも介護士と利用者が笑顔で向き合っていることもあったのです。

そのようなときの様子を注意深く見ていると、利用者が笑顔になるときは、まず初めに介護士のほうが笑顔であることが分かりました。認知症の利用者は短期記憶が失われてしまう人が多いので、何か出来事があっても10分も経たないうちに忘れてしまいます。しかし、出来事そのものは忘れたとしても、その出来事によって生じた感情は残ります。

そのため介護士に冷たくあしらわれたり要望が叶えられなかったり、あるいは何かを失敗して叱られたりしたら、出来事自体を忘れたあとも叱られて悲しかった感情だけは残ります。こうしたネガティブな感情は、介護士に対する暴言や怒鳴り声などネガティブな行動につながります。

反対に介護士から優しく声掛けをされたり、褒められたり、笑顔で話し掛けられれば、言われた内容は忘れてしまってもうれしかったという感情だけは残るのです。このようなポジティブな感情が心にあれば、利用者は介護士に暴言を吐いたり困らせたりすることもなく、介護士も利用者も笑顔になる好循環が生まれます。

介護施設のなかで垣間見る利用者と介護士が笑顔でやりとりをする現場に遭遇するたびに、大前提として介護士の笑顔があることに気づいた私は、介護士が笑っていることがいちばん大切という思いを強くしていきました。

このことに気づいてから、私の目標は介護士自身が幸せになれる介護施設をつくることになりました。目標さえ定まれば自ずとやるべきことは見えてきます。私が勉強のために派遣された施設でも改善すべきことは山積みでした。そのため、まずは一つひとつできることから取り組みを始めていったのです。

介護士の身だしなみを大改革

取り組んだことの一つに新しいユニフォームの導入がありました。私が初めて出勤したとき、介護士はポロシャツとジャージをユニフォームとしていましたが、最低限の身だしなみしか整えられていない様子でした。例えば介護士の名札はきちんとしたものがなく、ゼッケンのようなものが貼り付けられているだけでした。

ポロシャツにしても胸元のボタンを外していたり、人によってははだけた胸元からとても介護士とは思えないような派手なネックレスを見せていたりすることもありました。ネックレスをつけることは構わないとしても、利用者に威圧感を与えたり、気軽に声を掛けられないような装いをしたりすることは大問題です。

また、仮に安価なポロシャツとジャージだとしても、清潔感があってピシッとしていれば問題はありません。しかしユニフォームは介護士が自分で持ち帰って洗うのが以前からのルールとして定着しており、人によってはあまりユニフォームが清潔でない人もいました。また、適宜新しい物が支給されることもなく破れたジャージを身につけている人さえいたのです。

よれよれのポロシャツに破れたジャージ、おまけに胸元をはだけてネックレスをジャラジャラさせているのは、利用者をケアする介護士としてはふさわしくない装いとしか言いようがありません。人は身だしなみによって、立ち居振る舞いが大きく変わります。例えばボタン一つ留めるだけで、歩き方まで変わるのです。これは私が介護士をはじめとした多くのスタッフたちを見てきたなかで気づいたことでした。

そこで私は身だしなみについて改革を行いました。内面について指導をするよりも、身につける物や外見を変えることによって気持ちが切り替わると考えたからです。具体的には、それまで適当なポロシャツとジャージを着ていたところを、きちんと予算を確保したうえで統一したユニフォームを用意しました。ユニフォームを選ぶにあたっては機能性や動きやすさなどは重視しつつも、Ｔシャツではなく襟付きの服や胸元まできちんとボタンが留められるなど介護士がピシッとして見えるようなデザインを選びました。

いくつかの候補を選んだあとは、最終的に現場の介護士たちに意見を求めて決めました。

実際にユニフォームを着る介護士たちがいいと思ったものが一番だからです。

ユニフォームを変えてからは、少しずつ介護士の身だしなみへの意識や立ち居振る舞いも変わっていきました。もちろん何度口を酸っぱくして言っても胸元までボタンを留めない人もいましたが、一部を除いて多くのスタッフには身だしなみを整えることで行動にまで良い影響がありました。

身につける物によって立ち居振る舞いに良い影響があるというのは、今でも私の信念の一つになっています。また、統一したユニフォームを着ることで、仲間意識が生まれるという効果も期待できると考えています。そのためこの施設での研修を終えたあとに新しく施設を立ち上げるときも、法人全体として統一したユニフォームを導入するなどスタッフの身だしなみには配慮を欠かしませんでした。

洗濯、掃除、調理などを外注し、介護に専念できる環境をつくる

ユニフォームに加えて業務改革にも着手しました。具体的には介護士が介護士にしかできない仕事に集中できる環境を整えました。

例えば洗濯です。一般的に介護施設では洗濯も介護士が行います。さらに、施設内のトイレ掃除や各フロアの掃除も介護士が行うことが多いです。どこも人件費をギリギリで回しているため掃除のスタッフを雇うことが難しく、どうしても介護士は利用者のケアに加えて掃除や洗濯なども行わなければならないのです。

私はこれをいっさいやめました。介護の資格がなくてもできる仕事は外部の業者に委託したのです。掃除は掃除専門のスタッフを雇用し、洗濯は洗濯を専門に行う人を雇いました。最終的には洗濯は業者を導入し、すべて外部委託で行うようにもしました。介護士は食事介助で実際に食べさせることはしますが、料理は専門の業者に委託したのです。

介護士でなくてもできる仕事を外注したことは、大きな効果をもたらしました。当然のことながら、掃除にしても料理にしても、専門業者がやったほうがはるかに上手で効率的です。それまでは介護士がケアの片手間に簡単にほうきで掃いたり雑巾で拭いたりするだけだったフロアは、専門の業者による清掃で見違えるほどきれいになりました。

生活の場として３６５日24時間高齢者を預かる介護施設は、どうしても施設のあちこちが汚れがちです。例えばベッドサイドや食堂ではたくさんの食べこぼしが生じますし、トイレの汚れをしっかり掃除しなければその分臭いも発生します。専門の業者が掃除をすれば、専門の機材や洗剤を使って短時間ですみずみまできれいにしてくれます。それによってトイレや水回りなど汚れやすい場所もきれいに保つことができますし、臭いも防ぐことができます。また、清潔に保つことはそのまま感染症予防にも効果的です。

専門業者に掃除を外注して施設を清潔に保つことは、利用者だけではなく家族からもとても喜ばれました。以前までの施設を知っている家族が面会に訪れると、ほとんどの人は玄関がきれいなことに驚きます。土足で入っていいのかと聞かれるので、問題ないと答えても、ほとんどの家族が土足で入ることをためらうほど床も廊下もピカピカにしていたのです。

ユニフォームを整え、施設を清潔に保つと、自ずと介護士たちの態度も変わってきました。利用者やその家族に対するときの言葉遣いだけではなく、スタッフ同士で話すときの言葉遣いも少しずつ変化が見られるようになったのです。それまでのちょっと乱暴な口調から、次第に丁寧な口調へと変わっていく介護士たちの姿を見ていると私の行った改革は間違っていなかったと日々実感していました。

身だしなみについては、例えばある介護士はそれまではボサボサの髪の毛で出勤して利用者のケアをしていたのが、きちんと櫛で髪を整えてから出勤するようになりました。あるいは別の介護士はそれまではずっとノーメイクだったのが、上品なメイクをして髪の毛もきちんと結わえて仕事をするようになりました。

このように多くのスタッフの身だしなみや言葉遣いなどが、どんどん美しくなっていったのです。良いほうに変化するスタッフたちを目の当たりにして、環境によって人は変われるのだと大きな手応えを感じることができました。

5S活動を導入し職場環境を改善

このほかにも小さな改善をいくつも取り入れていきました。取り入れた改善のうちの一つは、例えば製造業やサービス業などをはじめとして広く導入されている5S活動です。5Sとは整理・整頓・清掃・清潔・躾（しつけ）の頭文字を取った名称で、職場環境の維持・改善を目的としたスローガンです。私はビジネス関係の書籍で5S活動について知り、さっそく取り入れてみることにしたのです。

この活動に沿って、例えばハサミやテープ、ペンの1本に至るまですべて置き場所を決めていきました。定位置を決める必要性を感じたのは、この施設に来てスタッフの動きを見ていると、常に何かを探していると思ったからです。何かを始めようとすると、行動に移す前にその道具を探すことから始めなければなりません。

万事がそうなので、常に物を探して施設内を走り回っている状態でした。そうすると、途中で利用者から呼び止められても、待ってもらうばかりで、すぐにケアにあたることができません。これは非常に時間がもったいないことです。

こうした時間のロスを解消するために、５Ｓ活動に則ってすべての道具の置き場所を決めて、必ずそこへ片付けることを徹底しました。さらに置き場所や引き出しには道具の写真を貼って、誰もが一目ですぐに分かるように工夫しました。

これによって、使い終わった道具が必ずもとの場所に戻って来るようになりました。また、机や棚は常に整頓された状態が保たれて、そこにあるべきではない物が置かれていると誰かが気づいて正しい場所へ戻すようになったのです。こうして物を探す手間と時間を大幅に削減することに成功しました。常に整理整頓したほうが仕事はやりやすいということを、スタッフ自身に気づいてもらうきっかけにもなったのです。

掃除や調理、洗濯など介護士ではなくてもできる仕事の外注化や5S活動に沿った職場環境の改善、あるいはユニフォームなど身だしなみへの配慮など改善を進めていったことの最大の成果は、介護士が介護という本来の仕事に専念できるようになったことです。さまざまな業務を外注化・効率化することで、介護士は勤務時間のすべてをただ介護だけに没頭できるようになったのです。

これは非常に大きな成果でした。介護だけに専念できるようになった介護士は、それまでよりもはるかに余力をもってケアにあたることができるようになったからです。物を探して走り回ったり掃除・洗濯をしたりして時間をロスすることがないので、利用者としっかり向き合って話を聞いたり、ちょっとした変化にもすぐに気づくなど、一つひとつの仕事が丁寧にもなりました。

駐車場でまさかの事故、それでも怒らなかった利用者家族

こうした変化はすぐに利用者とその家族に伝わりました。私が行ったばかりのときはいがみ合うばかりだった介護士と利用者に笑顔が見られるようになったのです。そうして利用者が笑顔で幸せそうに過ごしていると、面会に来た家族も満足してくれます。実際に私が法人内で介護事業に携わった4年間で、利用者やその家族からのクレームは一度もあり

ませんでした。

利用者とその家族について、今でも忘れられないエピソードがあります。実は私が法人で介護事業を任されているときに、勤務するケアマネジャーの車が利用者の家族の車にぶつかってしまったことがありました。追突の衝撃で家族の車には傷がついてしまったのですが、利用者家族の車にぶつけてしまったことやその車がとても高価であったことなどに、私もケアマネジャーも青くなってしまいました。

事故の報告を受けて私もすぐに駆けつけ、平身低頭、家族に謝っていると、その家族は嫌な顔一つせずに、いつもあんなによく母の世話をしてくれている介護施設の人たちに車の傷くらいで文句を言ったら罰が当たる、どうか気にしないでと言ってくれたのです。

このときは本当に驚きました。もちろん利用者家族の度量が大きかったのですが、それだけ私たち介護施設のスタッフに対する信頼が厚かったのだと思うと毎日努力してきて良かったと心の底から報われる思いがしたものです。

新施設のお披露目会で起きたハプニング

研修のために既存の施設にやって来て3カ月が過ぎた頃からは、新施設の立ち上げ準備室の仕事が本格化していきました。私自身も既存の施設にいる時間よりも、新施設のスタッフ面接やマニュアルづくり、用具の選定、建物の設備のことなどに忙殺されるようになっていったのです。

介護施設は人間関係に悩んで仕事をつらく感じる人が多いため、人間関係がまだ出来上がっていない新施設のオープニングスタッフは就職先として人気です。私の立ち上げる新施設でも、介護士だけで50人以上、事務員に至っては採用枠１人に対して１００人は応募があったと記憶しています。そこで私はまるで大企業の人事部さながらに、毎日数十人の応募者の面接を行いました。

晴れて採用メンバーが決まってからは、彼らと立ち上げに向けてさらに忙しく働きました。毎日チラシをつくったり広告を打ったり、あるいは研修やマニュアルを整備するなど初めての施設づくりに邁進していったのです。

そうしてさらに数カ月後、すべての準備を終えてついに新施設のオープンを数日後に控えていたとき、ある事件が起こりました。

施設の竣工を迎えるにあたって法人の管理職を集めて施設のお披露目会を開き、私は管理職の前で挨拶をすることになっていました。ところがそれまであまりに根を詰めて施設準備に忙殺されていた疲れが出たのか、はたまた自分がゼロから立ち上げに関わったピカピカの新しい施設を前にして涙腺が弱くなってしまったのか分かりませんが、私は管理職がズラリと並ぶ前に立ち、感極まって泣き出してしまったのです。なんとか最低限の挨拶だけはして、スタッフと力を合わせて頑張る、と言ったのはいいものの、顔は涙でぐしゃぐしゃでした。

この様子を見て強い不安を覚えたのが理事長でした。一人のスタッフが感極まって泣くならともかく、私はこれから90床のサービス付き高齢者住宅で、数十人のスタッフと利用者への責任を一身に負わなければならない身です。そのような責任ある立場の私が、オープニングで顔をぐしゃぐしゃにして泣いてしまったことで、理事長はすっかり私に不安を感じるようになってしまったのでした。

そしていざオープンすると、理事長は私がマネジメントしている施設をたびたびチェックしに来ては厳しく小言を言うようになりました。それこそ朝から晩まで理事長に叱責される日々が始まったのです。小言の内容は、施設の細かい運営のことからスタッフの教育のことまで多岐に及びました。

またスタッフを教育するためにつくったマニュアルもダメ出しの対象になりました。オープン前にマニュアルづくりをしていたときは、頑張っていると評価してくれていたのに、いざ施設が動き始めたらこんなマニュアルづくりの前にやることが山ほどあるだろうと、かえって小言の種になってしまったのでした。

理事長自身も新施設の立ち上げに大きな期待と不安の両方があったのかもしれませんが、この小言攻撃にはすっかり参ってしまいました。期待に応えようとあれこれ努力をしても、必ずどこかに粗が見つかってダメ出しを食らいます。こうした状況がオープンから1カ月ほど続きました。このときは私自身も本当に追い込まれて、笑顔をつくることもできなくなってしまいました。理事長がなぜこれほどまでに私にダメ出しをして来るのか、さっぱり見当がつかなかったからです。実際に体重も落ちて顔もげっそりしてしまい、周囲からも大丈夫かとたびたび心配されるほどまで追い込まれました。

理念の共有で理事長からの信頼が回復

このような1カ月間を過ごしたある日のことです。理事長が私のところへやって来たので、私はいつものように小言を言われるのではないかと思って身構えていました。しかしこの日、理事長が私に言ってきたのは小言ではありませんでした。理事長は、私に向かって本当につくりたいのはどのような施設かと尋ねてきたのです。そして、その目標を実現するためにどれほど覚悟を決めているのか私に尋ねたのでした。

その問い掛けに対して私は、初めて介護施設に足を踏み入れたときからずっと考えてきた揺るぎない信念を答えました。私は理事長の目をまっすぐ見て利用者を介護しているスタッフが幸せでいられる施設をつくりたい、利用者を幸せにするためには、何よりもまず働く介護士が幸せでなければならない、その目標を実現するまではどのようなことがあっても諦めない、と答えたのです。すると理事長はしばらく私の顔を見て、それがあなたの目指す方向なのかと、少し安心したような表情で小さくうなずきました。

驚くべきことに、その翌日からあれほどうるさかった理事長の小言がピタリと止んだのです。介護施設を見に来ることはありましたが、もう以前のような小言を言うことはいっさいありません。それまでとは打って変わって穏やかになり、何も言わなくなった理事長の後ろ姿を見て、私はこの方向性でいいと確信をもちました。まずは働く介護士を幸せにしたいという目標は間違っていなかったのだと、強く自信をもつことができたのです。

厳しく小言を言われた１カ月間はつらい時期でしたが、そのことでかえって自分の思いを強くすることができました。方向性が間違っていないことを確信できたならば、あとは突き進むだけです。実際にそこからの約４年間は、ただひたすらに介護現場が豊かになって、スタッフが笑顔で仕事をできる現場をつくることだけに邁進していったのです。

介護事業全体を統括する立場に就任

目指すべき方向性やそれに向けてやるべきことが定まってからは、さまざまなことが順調に進んでいきました。新規立ち上げを任された施設はオープン後、次々に利用者が入り、１年も経たないうちに満床になったのです。すると、新規立ち上げ施設を成功させた実績を買われて、理事長からは改めて既存の施設の立て直しをするように指示が出ました。そこで新規施設の運用をしながら、並行して既存施設の改善にも着手していきました。今にしてみれば初めての介護施設を任されたときに理事長が私を小言責めにしたのは、私自身の覚悟を試していたのではないかと考えています。これから介護事業を本格的に展開していくにあたって、それを任せるに足る人物かどうか、私自身を見極めようとしていたのではないかと思うのです。

実際に新施設を軌道に乗せることができた私は理事長のお眼鏡にかなうことができたのか、このタイミングで介護事業部の課長職も拝命しました。そのため新規施設の施設長をしながら、法人全体の介護事業を統括する立場となったのです。介護事業部には私が施設長を務めるような介護施設に加えて、訪問看護や訪問介護、居宅介護支援事業所、デイサービスなどがありました。私は介護事業部の課長としてこれらの事業を束ねることになりました。

このように介護事業全体を見渡す立場になってからは、医療と介護の両方が分かる人間としてさまざまな改革も行いました。そのうちの一つは法人内の医療と介護の連携です。

例えば医療法人が運営する介護施設ということで、一見すると双方が連携を取りつつ利用者のケアにあたっていると思われるかもしれませんが、実際にはなかなかうまくいっていないこともありました。私自身も救急にいたときに経験していますが、法人内の施設に入居する利用者が救急で運ばれて来ることはしばしばあります。滅多に運ばれて来ない利用者もいれば、どうしても肺炎などを繰り返して何度も運ばれて来る利用者もいるのです。

これに対して受け入れ側である医療者は、どうしても厳しく接しがちになります。根底には24時間介護士がついているのになぜたびたび誤嚥を起こすのか、せっかく治したと思ったらまた運ばれて、しっかり看ているのか、と不満があるのだと思います。救急の場は常に戦場ですから、同じ法人内でたびたび同じ利用者が運ばれて来ることをどうしても良く思わない人も出てきてしまいます。

さらに運んできた介護士が、必要な質問に何も答えられないこともまた医師や看護師のいらだちを助長しました。高齢の利用者は自分自身で症状などを訴えることができないため、代わりに介護士が問診などに答えなければなりません。しかし介護士は医療者ではないので必ずしも適切に質問に答えられるとは限りません。

しかも一刻を争う救急現場は時に殺気立っていて、医師や看護師は介護士に対してきつい言葉を投げ掛けることも少なくありません。すると介護士は萎縮してしまい、ますます何も言えなくなってしまうのです。医療者からすれば介護士が必要な医療知識がないことをあまり理解していませんし、殺気立っている医師や看護師の前でどれほど介護士が萎縮しているか想像もできません。ですから質問して何も答えられない介護士に何も分かっていない、頼りにならない、など強い不満をもってしまうのです。

このような医療と介護の軋轢は、私自身も救急の場にいたときに目にしていて、そのときはやはり介護士は頼りにならないと感じていました。しかし介護の場に身をおいてみると、介護士の気持ちも分かるようになったのです。

医療と介護の連携に取り組む

そこで医療と介護の軋轢を解消するために、連携が取れる仕組みづくりに着手しました。具体的には電子カルテを使った情報共有です。働いていた法人では病院も施設も電子カルテを導入していました。その電子カルテを使って既往歴や服用している薬の情報など、患者情報の一部は確認することができます。

しかし利用者が運ばれて来たときに必要になるのは、どのような経緯で、いつからこのような状態になったかなど、その場にいなければ分からないような情報です。そこで介護士が利用者の体調のことなど医療的なことを病院で伝えなくても済むように、施設の看護師が救急に運ばれた先で必要になる情報をあらかじめ電子カルテに入力しておくことを徹底しました。

現場で医師や看護師から聞かれる医療的な内容をあらかじめ施設の看護師が記入しておくことで、介護士はその場で適切な返答をする必要がなく、ただ利用者を病院へ連れて行くだけでいいようになりました。これによって医療者は必要な情報を得られずに煩わしさを感じることがなくなり、介護士も質問に答えられなくて叱責されるようなことがなくなり、双方にとっていい状況をつくることができました。

立場の違う看護師同士が連携することを看看連携といいますが、病院と施設間での看看連携を強力に進めていったのです。

介護施設で取った場違いな行動

介護施設の立ち上げや既存の施設の立て直しなど、急性期を離れて介護現場に深く関わるようになると、次第に私のなかで変化が起こりました。一言でいうと、看護のとらえ方が大きく変わっていったのです。

　例えば、私がまだ既存の施設で介護現場について勉強をしているときのことでした。あるとき、施設の利用者が突然発作を起こし意識を消失してしまいました。私はそのとき急性期時代の記憶が一気に蘇り、考えるより先にすぐに救命行動をスタートしたのです。近くの介護士たちに利用者をベッドへ寝かせるように指示すると、すぐに足のほうを高くして点滴の準備をし、点滴のためのルートを取るなど看護師として救命処置を行いました。

　そのときは周囲のことはまったく目に入らずに、ひたすら目の前の利用者を救うことに夢中になっていました。しかし、ふと我に返ると必死に救命処置を行っている私を介護士たちが取り囲んで、ポカンとしていることに気づいたのです。一心不乱に救命をする私を遠巻きに囲みいったい何をしているのだろうと、冷めた目で私を見ているのでした。

　このとき私は急に、自分がとても場違いなことをしていることに気づきました。病院にいれば、救命行為や医療行為はごく当たり前のことです。しかし、ここは病院ではなく生活の場である介護施設です。介護施設の主な目的は生活を支えることで、医療行為ではありません。その大きな目的の違いをきちんと理解せずに、病棟時代の意識のまま介護施設に移ったため、まるで救命室にでもいるかのように振る舞って介護士たちを呆然とさせたのです。

この出来事がきっかけになって、私は自分が介護施設で求められているものは病棟時代に求められていたものとはまるで違うことに気づきました。看護師としてのマインドを変えていった結果、介護現場で自分が果たすべき役割がおぼろげながらも見えてきたのです。

求められているものが違うことに気づいてからは、改めて看護とは何か、と自分自身のなかで追求し始めることになりました。私は、もともと看護師のあり方について考えることが好きです。いちばん初めに准看護師になったときも、看護師になればどのような仕事ができるようになるのかが知りたくて試験を受けました。その後、国境なき医師団を目指したときも、やはり医療機器がない環境下で看護師に何ができるのかを知りたいという思いがありました。

これまでの人生のターニングポイントと同じように、このときも私は医療処置が求められていないのであれば、介護施設で看護師は何が求められているのかを真剣に考えるようになったのです。

「生かす」のが医療、「生きる力を支える」のが介護

病院と介護施設の違いは、医療と福祉の違いでもあります。そして医療と福祉は何が違うかというと「生かすこと」と「生きること」の違いだと今の私は考えています。

病院、特に急性期の病棟は、病気を治すために医療者が患者に積極的に働き掛けを行います。手術にしても注射や投薬にしても、さまざまな医療処置はすべて医療者が主導で動いていきます。目的は生かすことですから、そのために必要な行為を積極的に行います。

一方で、福祉の現場では医療者や介護者などが外から働き掛けてその人を生かすのではありません。福祉の場ではあくまで利用者の生きる力が主体であり、看護師も介護士もその力をサポートすることしかできません。このことは非常に大きな違いです。

「生かすこと」と「生きること」という目的の違いによって、取るべき行動は大きく変わります。例えば食事一つを取っても、病院ではさまざまな制限が設けられます。食事をすることが患者にとって少しでもリスクがあったり、あるいは病気の治療の妨げになったりする可能性があれば、医療者の権限で患者の食事は制限されます。そして医療者が大丈夫

と判断するまで、点滴などで栄養を摂ることになります。

同様に身体的な制限を設けることもあります。患者にとって起き上がったり歩いたりすることがリスクにつながると医療者が判断すれば、患者は医療者が大丈夫と判断するまで24時間絶対安静で過ごすことを余儀なくされるのです。あるいは術後、話してはいけないと会話を制限することもあると思います。このように医療者は患者に対して、治療のために必要であればつらくても我慢すべきというスタンスで接します。

ところが福祉の場ではまるで考え方が異なります。福祉の場では、介護士は利用者がどのように生きたいかを尊重し、利用者の生きたい人生をサポートすることが求められます。食べることが大好きな利用者で、食べることが生きる力につながるのであればそのことをサポートしますし、足が悪くて転倒のリスクがあったとしても、本人が歩きたいと望めばなんとかそれを叶えるために努力します。このように福祉の場では、時には安全性よりもその人の望みを叶えることが優先されることも少なくありません。

例えば利用者が桃を食べたいと言ったとします。病院では病気で飲み込む力が弱っている患者に固形の果物を与えるのは危ないと判断します。誤嚥性のリスクがあるからです。しかし福祉の場である介護施設では、なんとかその人に桃を食べさせるために知恵を絞ります。時にはリスクよりも利用者の満足を優先することもあります。人生の最期を過ごす利用者にとって、あと何度桃を食べられる機会があるかは分かりません。また、好物を口にすることで生きる力が生まれることもあるからです。

このように医療と福祉の間には大きな認識の違いがあり、病棟から介護現場へ移ってきた看護師は、そのマインドチェンジをすることが求められるのです。そのマインドチェンジをきちんとしないまま、医療の認識で介護現場へ入って来ると、必ず介護士などともめる原因になります。

介護現場で看護師が求められているのは桃が食べたいという利用者に、危ないから食べてはいけないといって禁止することではありません。そうではなくて介護士と協力して、どうすれば食べさせることができるか知恵を絞って考えることが求められています。

固形の桃がどうしても危ないのであれば、すり潰してみるのか凍らせてシャーベット状にしてみるのか、介護士とともに考えます。医療知識が豊富な看護師ならではの視点も時には役に立ちます。あるいは介護士が食べさせることに不安を感じているのであれば、何かあれば吸引するから大丈夫と見守る姿勢も必要です。そのように介護職と連携できる看護師が何よりも求められているのです。

介護士を下から支えるのが看護師の役目

介護士との関係性においても、看護師はマインドチェンジが必要になります。どういうことかというと、看護師は何よりもまず介護士の下に立って、介護士を下から支えなければならないということです。

施設によっては看護師のほうが立場は強く、介護士が看護師に叱られないかとビクビクしているところもあると聞いたことがあります。おそらく看護師が介護士よりも立場が強いと思われているのは、それだけ専門知識をもち経験を積んでいるからです。

そもそも看護師と介護士では学んできたバックグラウンドがまるで異なります。資格を取るために学んできた時間がまるで違うからです。看護師になるには専門学校で最低３年間、看護の基礎から実践までしっかり学ぶことが必要です。その間には病院に実習に行き、厳しい課題をクリアして初めて国家試験を受けることができます。

一方で介護士は、いちばん初めの介護職員初任者研修の資格を取るために必要な時間は１３０時間です。介護職員初任者研修の講座を提供している学校などのカリキュラムを見ていると、最短１カ月程度、長くても４カ月程度で資格を取得できるとうたっているところが多いのです。

それに加えて介護職員初任者研修には、施設などでの実務研修が必須ではありません。カリキュラムのなかで実技実習を学ぶことはあっても、実際の介護施設や在宅介護の現場を知らないまま資格が取れてしまうのです。

介護職員初任者研修の上位職に実務者研修があります。この実務者研修でも標準的な研修時間は４５０時間、約６カ月とされています。しかし、すでに介護職員初任者研修などほかの資格をもつ人は一部の科目が免除されるため、実際にはこれよりも短い時間で資格の取得が可能です。

このように１～４カ月、上位資格でも６カ月で資格が取得できる介護職と3年間、看護の基礎から専門分野までしっかり学ぶ看護師とでは、知識量や技術に差が出てしまうのは仕方がないことです。

しかし、自分のほうが知識や技術があるからといって、看護師が介護士に指示したり命令したりするのは間違いです。知識や技術があるからこそ、看護師は介護士の下に立たなければならないのです。看護師が自分たちの知識や技術を使って介護士を下から支えることで、介護士は初めて安心して利用者をケアすることができるからです。介護士が安心して利用者をケアできる施設こそ、利用者も安心して過ごすことできる施設に違いありません。

介護の面白さにどんどんハマる

自分自身のマインドが変わってからは、私自身、介護が面白くてたまらなくなりました。救急の場にいたときは、手術や点滴などの医療処置こそが看護だと思い込んでいました。しかしその考えは、介護を知るにつれて１８０度変わっていきました。介護施設での経験を通して、今では私は介護施設で提供しているような、生きることを支えることこそ真の看護だと考えるようになりました。救急の場から離れて長くなりましたが、それとは正反対に私は今、自分自身が真の看護に一歩ずつ近づいていることを実感しています。

自分自身のマインドを変えて、同時により介護について深く知るためにさまざまな勉強も欠かしませんでした。特に初めの頃は、ケアマネジャーの仕事や居宅支援事業所の役割などすら知らなかったので、一から学ぶ必要がありました。そこで介護保険の仕組みや介護施設の種類、介護保険に関係する制度などに関する本を買ってきて読み漁ったのです。

また日々の業務やケアマネジャーとのやりとりのなかで分からないことがあると、すぐに本で確認して疑問を解消するように努めました。ＯＪＴというわけではありませんが、すべてのことは現場の業務のなかで学びました。

こうして半年、1年と経過するうちに介護の仕組みについて知識不足で困ることはほとんどなくなっていきました。実際に介護現場に移ってから3年目にケアマネジャーの資格を取得したのですが、ほとんど試験勉強などはせず本を1冊読んだくらいで合格することができました。ケアマネジャーの試験は合格率が20％前後の狭き門ですから、ほとんど勉強もせずに一発で合格したことに私自身が驚いてしまったほどです。

介護について学んでそれを現場に落とし込み、トライアルアンドエラーを繰り返しながら前に進んでいくうちにうれしいことに成果も上げることができました。新規施設の立ち上げとその後の運用、そして既存施設の立て直しのそれぞれで一定の成果を出すことができた私は、理事長から介護施設の運営に関する手腕を買われ、今度は３つ目の施設の立ち上げも任されることになったのです。

３つ目の施設は、既存の2施設よりも規模の大きい複合型施設でした。１５０床前後の規模をもつサービス付き高齢者住宅で、人工透析用のベッドやデイサービスなどさまざまなサービスをそろえる施設でした。その準備室長として私に白羽の矢が立ったのです。

このとき、私は既存の業務だけで相当に多忙だったため、正直にいって疲れを感じていました。しかし見渡しても当時、法人内にその規模の介護施設の立ち上げができそうな人材もいなかったため、半ば理事長の勢いに押される形で準備室長を引き受けることになりました。

ゼロから創り上げていくことに喜びを感じる

3つ目の施設はそれまでの施設よりもはるかに規模は大きかったものの、ほとんど不安はありませんでした。2施設目をつくったときはゼロから人材を集めて育成する必要がありましたが、3施設目のときは十分に信頼できる人材が育っていたからです。そのため、新施設の立ち上げ自体に不安はありませんでした。2施設目の施設運営を通して私は、私と介護に対する思いを同じくするスタッフを育てることに成功していました。介護とはご飯を食べさせることでもなければオムツを替えることでもありません。利用者が、あの介護士はオムツを替えるのが上手だといって喜ぶことなどあり得ないからです。そうではなくてあの介護士といると笑顔になれるというときに、初めて利用者はその介護士にケアしてもらって良かったと思うのです。このことを理解していないと、介護の技術面ばかりを重視してしまい、利用者が望む介護を提供できなくなってしまいます。時には利用者と介護士の意見が食い違うことがあるかもしれませんが、それすら私はいいと思っています。なぜなら意見の食い違いくらいあるのが日常だからです。そのようなごく自然な日常生活を提供したいと私はいつも思います。

　また、ともすると介護はこちら側が何かをしてあげているという感覚になりがちですが、私はそのような考えも間違っていると思います。あくまで利用者に寄り添い、うれしいときはともに笑い、悲しいときはともに泣くのが介護士のあり方だと考えているのです。２施設目の運営を通して、私はこのような考えに共感してくれる多くのスタッフに恵まれることになりました。その彼らが一緒に取り組んでくれたので、３施設目の運営にはなんの心配もなかったのです。

　それに何より、ゼロから新しいものを創るというのは本当に楽しい仕事です。何もないところに、自分たちで考えた施設が立ち上がっていく楽しさは計り知れません。もちろん苦労もたくさんあるのですが、完成したときは感動します。自分たちが頭のなかで思い描いたものが、現実の建物となって目の前にそびえ立つので、その感動は言葉にできません。私はかつて救急にやりがいを感じていた頃のように、このときは施設の立ち上げにも夢中でした。救急で働く一人の看護師であった頃には想像もつかなかった経験をさせてもらえることに、いつも感謝をしていたものです。

一方で人材不足については深刻に考えていました。本来であれば2つの施設を管理しながら法人全体の介護事業を統括し、さらに3つ目の施設立ち上げも行うなど明らかに一人の人間のキャパシティを超えています。実際にこの頃は朝の7時頃から仕事を始めて、毎日夜の10時、11時までほとんど休憩も取らずに仕事をしていた覚えがあります。また、土日であっても丸一日休むということはほとんどありませんでした。

もともと健康には自信があり、丈夫だからこそできたのだと思います。しかし、私がどれほど健康に自信があってハードワークにもちこたえたとしても限界があります。私の後を引き継いでくれる第2、第3の人材を育てていかなければ、早晩自分だけでは抱え切れなくなって立ちゆかなくなることは目に見えていました。

自身のマネジメント能力不足に悩む日々

この頃から私は人材育成やマネジメントについて悩みを抱えるようになりました。特に難しさを感じていたのはマネジメントです。すでに抱えているスタッフは１００人規模になっており、付け焼き刃のやり方ではとても管理できる人数ではなくなっていました。しかも職種は看護師や介護士、ケアマネジャー、事務職員など多岐にわたるため、スタッフのマネジメントはひととおりではありません。

法人全体の介護事業を統括する立場になり、管理するスタッフが１００人を超えると私自身がすべてを把握してトップダウンで行うマネジメントでは、とてもではありませんが通用しなくなります。細かいところまで目を行き届かせるのは不可能ですし、すべてに目を行き届かせようとすれば手が回らない業務がどんどん出て来るからです。

本来であればマネジメントの対象がこれだけの規模になれば業務ごとに誰かに委任することも必要になります。そして私自身は各担当からの報告を受けて必要なことを判断したり指示したりします。

しかしこのときの私には、そのような仕組みをつくるための十分なマネジメントスキルがありませんでした。小さな組織を管理していたときの意識のままで、組織だけがどんどん大きくなっていったため、自分ですべてを把握しなければならないという考えから抜け出すことができなかったのです。その結果、書類にしてもメールにしても、各種の相談や判断にしても処理が追いつかないことが次々と出てきました。

そもそも私はこのときまで一度もマネジメントそのものを学んできませんでした。改めてマネジメントを学ぶチャンスがないままに少しずつ組織だけが大きくなって、気づけば自分のキャパシティを超える規模のマネジメントをすることになっていたのです。

マネジメントを学ぶ機会がない医療・介護現場

管理者がマネジメントを学ぶチャンスのないままに、自分のスキルを超えた規模の管理を任されることは、介護施設に限らず病院などでも起こりがちです。看護師には看護主任や看護副主任、看護師長、副看護師長、看護部長、副看護部長などいくつかの役職がありえます。看護師は病院のなかで最も人数が多い医療職ですから、これらの管理職になると規模の大きな病院であれば相当な人数の部下をもつこともあります。

しかし必ずしも、そうした部下を適切にマネジメントするための研修を受けられるとは限りません。そのため病院や介護施設の管理者は、看護師や介護士としての経験年数は長くてもマネジメントスキルを身につけるチャンスがないままに見よう見まねで管理をしているというケースが少なくないのです。

このときの私はまさにこの状態でした。介護事業部の統括責任者となって、肩書きだけ見れば立派な管理者ですが、その内実はといえばスタッフが数人～十数人程度だった頃のマネジメントスキルと何も変わっていなかったのです。

その結果、私のこの時期のマネジメントは今思い返すと相当ひどいものでした。例えば規模が大きくなりすべてを自分で把握することなどできるはずがないにもかかわらず、誰かを信頼して委ねることができませんでした。利用者一人ひとりのケアの方法や家族のこと、施設の設備のことなど細々したことまで、自分ですべてを把握しなければならないと思い込んでしまっていたのです。そのため、結果的に業務が処理できずにメールも書類も溜まる一方で、スタッフからの相談にも十分に応じられなくなっていきました。また、自分の権力を背景に部下を叱責して、相手を変えようとするようなミスも犯しました。今の私は叱責などで相手を変えることはできないと理解しています。相手の行動を変えたければ、理念の共有や教育によって相手の内側から働き掛けなければならないと分かったからです。しかしこのときは説得や叱責で相手を変えられると思い込んでいて、自分の思うようなケアの方法を伝えてそれが実行されていないと、どうしてできないのかとスタッフを責めてしまうこともあったのです。

それは今思えば仕方のないことでした。私のなかでは介護士が幸せに働ける施設をつくる、という大きな目標があったものの、それが法人や施設全体の共通理念として全スタッフに共有できていたかといえばとてもそうとはいえません。また、同じ法人内といっても住宅型の介護施設から通いのデイサービス、あるいは居宅サービスまでさまざまな部署があり、それぞれに行っていることが違います。さまざまなサービスを展開するなかで、すべての部署やスタッフに同じ方向を向かせることは至難の業です。

結局、私がどれほど声を大にして現場に指示をしても、その場では了承するものの、別のタイミングで現場に行ってみると言ったことがまったく実行されていないことがたびたびありました。するとどうしても、どうしてやっていないのか、という小さなぶつかり合いが毎日のように起こるようになっていったのです。

こうなると自分のなかでもおかしな焦燥感が生まれてきます。なんとしても自分の言うことを聞かせなければと考えるようになっていってしまうのです。自分は管理者ですから、理事長や法人役員からのプレッシャーもあります。その期待に応えるために、現場は私の言うとおりに動いてもらわなければならないと思い詰めてしまいました。そのように考え始めてしまうと、どうすれば言うとおりに動かせるのかという、現場の意思を無視した思考に陥ります。そうなれば私と現場スタッフとの心の距離は遠くなる一方です。実際にこのときは施設内での求心力を失い、非常に苦労しました。

マネジメントセミナーで目から鱗が落ちる

マネジメントがうまくいかずに、八方ふさがりと感じていたときのことでした。仕事の悩みの相談に乗ってくれていた友人からマネジメントに関するセミナーに誘われたのです。友人が誘ってくれたのは、経営者やマネジメント層に向けての無料セミナーです。

それまで私は看護師や介護に関する勉強会にはいろいろと参加してきましたが、マネジメントに関する勉強会というのはまったく行ったことがありません。しかしこのときは本当に煮詰まっていてどうすればいいか分からなかったので、わらにもすがるような思いで参加申し込みをしたのです。

経営者向けのマネジメントをテーマにしたそのセミナーでは、やってはいけないマネジメントについて解説しており、それを聞いた私は衝撃を受けました。やってはいけないマネジメントの代表例として紹介されていることのほとんどを自分がやってしまっていたからです。

例えばそのセミナーで取り上げられていたマネジメントのNG事項には、ガミガミ言うことやスタッフをコントロールしようとすること、説得したり叱責したりすることで人は変われると思うことなどがありました。これらの事柄はほぼすべて当時の私が管理者としてスタッフに行っていたことでした。

確かに私は行動があまり望ましくないと思う主任やスタッフなどを叱責することがありました。しかし、そのとき私自身は本当に相手のためを思ってやっているつもりだったのです。必死になって伝えれば相手が変わってくれると信じていて、相手のために心を鬼にして言っているつもりでした。

しかし、実際には心を鬼にして相手を叱責することで、良い変化が起きたことなど一度もありませんでした。どれほど私が心を砕いて相手に伝えても、叱責や強い言葉で伝えることで相手に思いが伝わることなどありません。そのことに気づかなかった当時の私はなぜ伝わらないのかと苦しんでいたのです。

新たな挑戦をするために退職を決意

セミナーを受けた帰り道、私は電車のなかでずっと、これまで自分が行ってきたマネジメントを振り返っていました。自分のやっていたことがすべて間違いだったと思い知らされて、奈落の底に突き落とされたような気持ちでした。今のままの自分ではこれ以上、法人の管理者を続けることはできない。一度すべてをリセットして、真剣にマネジメントを学ぼう、と思い、セミナーを聴いた日の夜に退職を決意したのです。

私がマネジメントに悩んでセミナーを受けたのと前後して、法人内で大きな人事異動が検討されていたことも退職の決意を後押ししました。理事長の親族で長らく海外にいた人が帰国して、法人の役員に加わることになったのです。その人物は福祉事業に強い興味をもっているということで、私が準備室長を拝命していた3つ目の施設にも関わることになりました。

それまでは自分がやらなければほかにやる人はいないと思って肩肘を張っていましたが、セミナーを聴いて無理に頑張る必要はないのだと感じました。私は理事長と二人三脚で頑張ってきたという自負はあったものの、それは私の思い込みだったのかもしれないと感じるようになったのです。

肩の力が抜けると新しいことに挑戦する気持ちが湧いてきました。法人内で自分が一定の役割を果たすことができたのだとすれば、次は地域へ出て自分の力を試したいと考えるようにもなりました。広く地域へ出れば、私の経験をさらに活かせる場所もあると思ったのです。

17年間も勤めてさまざまなことを経験した法人を退職して新しいことに挑戦するのは勇気が必要でした。法人内にいれば、少なくとも安定した待遇と一定の地位が保証されています。ところが退職して新しいことに挑戦するとなれば、成功する保証などどこにもありません。しかし私はいつでも人生の岐路に立ったときに、できるかどうかではなくて、やりたいかどうかを大切にして進路を決めてきました。看護師の資格を取ろうと思ったときもアメリカに留学しようと思ったときも、いつだってやりたいと思ったことが私にとっての正解だと信じて突き進んできたのです。そして自分がやりたいことを貫いていれば、いつしか周囲に応援してくれる人も現れて道が拓けたのだと思います。このときも不思議と、不安よりも新しいことに挑戦できるというわくわくした気持ちが強く私の心を占めていました。

こうした出来事と心境の変化、マネジメントに関する悩み、セミナーでの気づき、新しい挑戦への希望などがちょうど同時期に押し寄せて、私は17年間勤めた法人を退職する決心をしたのです。それなりに長く勤めていたので、退職の意を告げたときは理事長以下、多くの人たちからどよめきが起こり、慰留されたり、やめる理由を問い詰められたりもしましたが、私の決意が変わることはありませんでした。ただ一言、違う世界を見てみたいとだけ告げて、私は看護師人生の大半を過ごした法人をあとにしました。

51歳にして新しい世界に飛び出す

私はこのとき51歳、人生１００年時代だとすれば後半戦のスタートです。頭のなかには私自身が思い描く理想の介護施設が浮かんでいました。そこでは介護士自身が幸せであるというスタッフ全員の共通理念のもとに、介護士も利用者も笑顔になれる施設づくりを皆で取り組んでいます。このような理想の施設を思い描いて、私は狭い法人内の世界を飛び出して、広い世界に出て自分が本当にやりたい施設づくりを目指すことにしました。

法人の傘の下で守られてきた自分の甘さ

半ば勢いのような形で法人を飛び出した私ですが、自分のなかには密かな勝算がありました。私はそれなりに規模のある医療法人で長らく勤め、介護施設の新規立ち上げや運営を経験し、介護事業の統括責任者まで任されてきました。一定の成果も出してきて、介護施設のマネジメント経験はそれなりに積んできた自負があります。私が施設を運営したいといえば、任せてくれるオーナーの一人や二人、すぐに見つかるだろうとたかをくくっていたのです。

ところがこれが大きな思い違いでした。待てど暮らせど、私に介護施設の運営を任せたいというオーナーなど一人も現れなかったのです。それは私に経営の経験がなかったからでした。

介護施設は多くの場合、サブリースのような形で契約が交わされます。建物を所有するオーナーと実際に運営に関わる私たちの間で契約を結んで施設が運営されます。オーナーは数億円もの費用を掛けて施設を建設するので、契約相手を慎重に選びます。経営から実務まで、すべてを安心して任せられる相手であって初めて契約の話し合いがスタートします。

確かにゼロから施設の立ち上げを成功させて、１００人のスタッフを管理し、施設も満床で運営していました。しかし法人に雇用される立場でマネジメントをしていた私は、経営経験はまったくありません。そのことがネックになって、思うように話は進まなかったのです。

この話し合いの場では、私自身の経営経験がゼロであることをたびたび指摘されました。オーナーからは施設運営の経験は申し分ないと言われたのですが、小規模な訪問看護ステーションなどでもいいので、多少なりとも経営の経験がなければ契約は結べないと言われてしまいました。

このような現実が目の前に立ちはだかったとき、私は自分自身の見込みの甘さに愕然としました。私は自分の経験にはそれなりに自信をもっていました。しかしそれは所詮、法人の傘の下で守られながら行っていたマネジメントに過ぎなかったのです。この事実を突きつけられたときは、頭をハンマーで殴られたような衝撃でした。意気揚々と独立した私は早々に、世間の厳しさと自分の甘さを思い知らされることになったのです。

すぐに案件が見つかるだろうというあてが外れた私は、当面の生活費を稼ぐために訪問看護ステーションでアルバイトを始めました。訪問看護の仕事を選んだのは夜勤などがなくて病院よりも拘束時間が短いため、マネジメントの勉強と両立しやすいと思ったからです。私はこの頃マネジメントを学ぶために知人から紹介された講座に通っていました。私が通っていた講座は選択理論心理学をベースにしており多くの有名人や成功者を輩出しています。この講座では目標を達成するためのアイデアの生み出し方やリーダーシップ、人材育成のためのノウハウなどマネジメントに必要な数多くのことを学びました。当時、アルバイト生活だった私にとって講座の受講料は決して安くはない金額でした。しかしマネジメントの能力がないことを自分自身の大きな弱点だと感じていたので、なんとかこの弱点を克服したい一心で受講の申し込みをしたのです。

その後1年間、私は夢中になってマネジメントを学びました、昼間は訪問看護のアルバイトをして、夕方から夜はマネジメントのセミナーに足繁く通い、すき間時間にはマネジメントに必要な書籍を何冊も読破し、時にはすでに活躍している経営者との交流会などに出席することもありました。こうしてアルバイトをしながらマネジメントを学び、機会があれば施設の運営をやりたい、と周囲に伝えていました。

人生で初めてのM&Aを契約

人生で初めてのＭ＆Ａの話を決めたものの、そこから一向に先方の社長から施設の詳細を教えてもらうことができません。話はどんどん進んでいくのですが、私は実際に自分が引き継ぐ施設を自分の目で見たことすらありません。さすがにこれはまずいだろうと思い、仲介してくれた人を通して相手方の社長に施設を見たいと頼みました。

ところがＭ＆Ａ相手の社長からは、Ｍ＆Ａがしっかり決まらないうちに新しい運営会社が来ると、職員が動揺してしまう恐れがあり、それで職員が一斉退職するとなると大変なため、Ｍ＆Ａの契約を正式に結ぶまでは施設に来ないようにと言われていたのです。さらに収支の書類もまだ見せられないと言われました。施設も収支の書類も見られないのはさすがに困るため、相手の社長に見せてくれるように頼みましたが、結局契約までに見られたのは施設の外観だけで、書類はずっと見せてもらえないままでした。もちろん本来であれば収支状態も確認しないで契約するなどあり得ません。しかしこのときは私自身のＭ＆Ａに関する無知と待ちに待ったチャンスがやって来たという期待感から、このような非常識な条件も飲んでしまったのでした。

ここで私は困りました。施設の現場を見ることもできなければ収支も分からないとなれば、どうしていいのかまったく分かりません。そこで友人の税理士に相談したところ、税理士からは驚いてすぐにその契約をストップするように助言を受けました。そのような案件はとてもまともなＭ＆Ａではないので、今すぐに手を引くように忠告してくれたのです。

Ｍ＆Ａを止めようとしたのは税理士だけではありませんでした。周囲の友人たちも口をそろえて契約を止めるように言ってきたのです。周囲の誰もが危ないと止めるのですがに私も不安になり、情報が少な過ぎるのでこの契約をこのまま進めることはできないと、社長に断りの意思を伝えました。すると社長は真っ赤になって怒って、ここまで進んでいる話を今さらなかったことになどできないと、半ば恫喝するような形で言われ私はすっかり追い込まれてしまったのです。

ここで私はなんとしても断れば良かったのですが、なぜかこのときはもうやるしかないと不思議な覚悟が湧いてきて、そのまま契約を進めることにしたのでした。

結局、私が譲り受ける施設に初めて足を踏み入れたのは契約当日のことでした。何一つ分からないままの状態で施設を譲り受け、契約の3日後からは施設のすべてに責任を負わなければならなくなりました。

譲り受けたのは蜘蛛の巣だらけの大赤字施設だった

契約当日、初めて訪れた施設を見て私は仰天してしまいました。そこは私が思い描く施設とはほど遠い場所だったからです。ほこりだらけの入り口から中に入ると、天井にはあちこちに蜘蛛の巣が張り巡らされています。靴を脱いでスリッパに履き替えようとすると、下駄箱は扉が外れてぶらぶらしていたり傾いていたり、最初から扉が全部外れてしまっているところもたくさんありました。

清潔とはほど遠いスリッパに履き替えて行くと、廊下はいつ掃除したのか分からないほどに黒ずんでいました。おまけに廊下のあちこちにはタバコで焼け焦げたような跡があります。居室は古めかしい和室のような部屋でしたが、壁紙のあちこちが破れてシミだらけで、部屋全体も暗くどんよりとしています。そのような雑然としたなかで利用者が無造作に寝かされているのです。

初めて介護のことを学ぶために訪れた最初の介護施設でも大きな衝撃を受けましたが、このとき感じた衝撃はそれ以上でした。蜘蛛の巣だらけのお化け屋敷のような介護施設を譲り受けて、いったいどうすればいいのか分からず施設を見れば見るほど途方に暮れるばかりです。

しかし、もう今さら逃げることはできません。私は汚い和室に連れて行かれて、契約書類に判子を押すように促されたのですが、契約書が広げられているテーブルの上には、空のペットボトルが何本も転がっています。そのような場所で私は震える手で契約書にサインをしました。

これから理想の施設をつくるという感慨に浸ることはいっさいなく、ただただ不安と絶望で胸が押し潰されそうになるばかりでした。

契約後、初めてそこで働くスタッフや利用者とも会うことができましたが、スタッフとの顔合わせも私の不安を大きくさせるだけでした。スタッフたちは、およそユニフォームと言えるようなものは着ておらず、皆あり合わせのジャージや作業着のようなものを身につけ、その上にただエプロンをつけただけという格好でした。

自己紹介をしてもほとんどのスタッフが知らんふりで、新しい施設長など無関心な様子でした。この様子を見て私はさらに呆然としました。数日後には自分はここのオーナーとしてすべての責任をもたなければなりません。当時の私にはどうすればこの状況を改善できるのか見当もつきませんでした。

包み隠さずにいえばこのとき、だまされたという思いが私の心を強く支配していました。あれほどまでに頼んだのに契約が済むまで収支の書類を見せてくれなかったのも、外観からばかりで建物のなかを見せてくれなかったのも、すべて赤字施設を私に押しつけるために相手があえてしたことだと悟ったからです。しかしこのときは不安と怒り、後悔に押し潰されそうになりながらももち前の負けん気で自分を奮い立たせました。赤字施設を抱えることになったのは間違いなくピンチでしたが、これを乗り越えたらきっと大きく成長できるだろう、ならばピンチをチャンスに変えてやろうというやる気も同時に湧いてきたのです。

蜘蛛の巣掃除からスタートした施設経営

3日後、新オーナーとして私は再び施設にやって来ましたが、スタッフに挨拶をしてもやはりほとんど反応はありませんでした。しかし、そのようなことを気にしている余裕はありませんでした。目の前にはやるべき作業が山積みだったからです。

最初に行ったのは、天井に張り巡らされた蜘蛛の巣を掃除することでした。ところが掃除道具すらまともになかったので、蜘蛛の巣を取るためにはまず掃除道具を買いに行くことから始めなければなりません。

なんとか近くのホームセンターで必要な道具を購入すると、私は黙々と蜘蛛の巣取りと玄関の掃除を始めたのです。目の前を多くのスタッフが通り過ぎましたが、誰一人として手伝ってくれる人はいませんでした。私は完全にアウェイのなかで、丸一日掛けてひたすら蜘蛛の巣掃除をしていったのです。

またカルテの整理も一苦労でした。利用者のカルテを確認するために事務所へ行くと、そこにはカルテを入れておく棚すらなく、あちこちにファイルが散らばっている状態でした。私はファイルを一つひとつ探し出しながら、利用者の情報を確認していかなければならなかったのです。

おまけに施設はあちこち傷んでいて修繕が必要でした。契約時にＭ＆Ａの相手方が修繕をしてくれるという約束だったため、何度も修繕の依頼を掛けたのですが、そのたびにもう少し待ってくれと言うばかりでなかなか修繕が進む様子がありません。ついにしびれをきらして私は自分でＤＩＹに着手しました。ネットショップで床の張り替えシートや壁紙シートを購入しては、１カ所ずつ手作業でリフォームしていったのです。

朝には施設に来て床のシートを貼り替えるような毎日が続きました。介護施設をつくりに来たはずなのに、やることといえば蜘蛛の巣取りや床に這いつくばってのＤＩＹ作業ばかりで、このときばかりは心が折れそうになりました。

「いつか笑い話になる」という仲間の言葉

しかし、励みになったのは仲間の看護師たちの存在です。私は新しく施設を運営するにあたって２人の看護師を新たに採用していました。１人は介護施設で経験を積みたいと言って入職した准看護師で、もう1人は訪問看護の経験がある看護師でした、このとき彼女たちが言ってくれたセリフは今でも忘れられません。一緒に床に這いつくばりながら、彼女たちは何年か経てばこれも笑い話になりますよ、と言ってくれたのです。

　この言葉に私は自分のなかでもやもやしていた霧がパッと晴れるような気がしました。確かにどのような苦労であっても、時間が経てば笑い話になるものです。今すべきことは、愚痴を言うことではなくて目標に向かって進み続けることでした。この一言があったからこそ、心が折れることなくその後も努力し続けられたのかもしれません。

　しかし私がどれほど頑張っても、スタッフとの溝はなかなか埋めることができませんでした。この施設でもスタッフ統一の新しいユニフォームをつくることを提案したのは、かつて施設長をしていた施設でも私がユニフォームにはこだわりをもっていたためです。しかしそれに対するスタッフの反応は、なぜ必要なのかというような素っ気ないものばかりでした。ユニフォームにお金を掛けることが理解できないという人も多く、話し合いでまとまる雰囲気はありませんでした。そこで仕方なく、看護師の白衣はきちんとしたものを整え、介護士のユニフォームは最低限のポロシャツとジャージのズボンをそろえるところからスタートしたのです。

給料が支払えない恐怖

施設の掃除やリフォーム、スタッフのユニフォームなどはなんとか手作業で進めていくことができましたが、最も頭が痛かったのは金銭面です。施設を買い上げる際に、事業計画を立ててまとまった金額の融資は受けていました。しかしこの事業計画も収支の内訳を何も知らされないままで、ごくざっくりとイメージでつくったものですから実態とは大きくかけ離れています。

そして、ふたを開けてみれば施設の経営状況は大赤字でした。初めて収支の詳細を見た瞬間、経営の素人である私であっても潰れると直感しました。なぜならベッド数は半分くらいしか埋まっていないうえに、数少ない入居者の大半が福祉を受けている人たちだったからです。そのため毎月かかる水道光熱費だけでも赤字になっていて、家賃すら満足に支払うことができないような状況だったからです。ランニングコストだけでも赤字が発生し、融資を受けたお金はたった数カ月でほとんどなくなってしまったのです。

利用者から家賃などを受け取り、振り込みのために銀行へ走りますが、通帳を見るたびにお金がどんどん減っていくのをただ見ているだけの日々でした。3カ月目にはついに残金が当初の3分の1以下にまで減ってしまい、これ以上は自分の保険や年金を解約して施設の費用に回さなければならないという状況にまで追い詰められました。

減り続ける通帳の残高を見るたびに、スタッフへ給与が払えなくなる恐怖、業者への支払いが滞る不安を感じて身が縮む思いでした。このとき初めて私は経営者が抱えるリスクについて身をもって知りました。法人の管理者として働くならば、仕事でどれほど苦労があってもお金の心配をする必要はありません。しかしこのとき初めて自分が施設を本当の意味で運営する立場になって、人を雇う責任の重さを知ったのです。

あまり人を恨んだり憎んだりすることのない私ですが、このときばかりは詐欺まがいのM&Aで大赤字の施設を押しつけた相手の社長を恨みました。もちろん、いちばん悪いのは自分です。M&Aについてしっかり学ぶことなく契約を結んでしまったのはほかならぬ自分だからです。しかしこのときはあまりの恐怖と不安のため、自分のなかに相手に対するどす黒い感情が湧き起こるのを止めることができませんでした。

第3章

起業して分かった
真に求められる看護・介護のカタチ――
〝誰も取り残さない〟在宅医療と介護施設の整備

ランニングコストの改善に着手

大赤字の施設を譲り受けた私は、何はともあれ経営状況の改善に取り組みました。取り組んだものの一つは、例えば毎月のランニングコストで赤字になっている水道光熱費の改善です。それまで利用者は、希望すれば毎日でも好きなタイミングで入浴することができました。しかしこれについては曜日を見直すなど、誰もが平均した回数の入浴ができるよう工夫をしました。

また、心苦しいことではあったのですが、施設が軌道に乗るまでは入居者をある程度は選ぶこともありました。それまでの入居者は福祉を受けている人が大半だったのですが、これはおそらく前の経営者は入居者が集まらずに苦労した結果のことだと思います。福祉を受けている人は行政の規定で家賃の上限が限られているため、本来の市場価格とかけ離れた安い家賃で入居させなければならないことがあります。そのため収益を考えれば福祉を受けている入居者の割合は一定程度に抑える必要があるのですが、前経営者はそのようなことを考える余裕もない状況だったのかもしれません。

私が介護施設を運営するにあたっての強みの一つが、自分自身が看護師であり仲間のベテラン看護師も一緒に働いてくれることでした。看護師の数が十分であるため24時間の医療対応が可能になるほか、介護保険だけではなく医療保険での対応ができます。つまり、ほかの施設では受け入れることができないような医療ニーズの高い人を受け入れたほうが、差別化にもなるうえに収益上もメリットがあります。

そこで最初の頃はこのような医療ニーズの高い入居者の申し込みが来るまでは、ベッドが空のままでも耐えました。本当はのどから手が出るほど入居者に来てほしいのですが、ここで目先の入居者を増やすことを優先してしまっては、その後の施設運営が成り立ちません。そう考えて自分たちの強みを活かせる入居者から申し込みがあるまで、歯を食いしばって耐えました。

このような取り組みをしている最中は、ケアマネジャーから批判されることもありました。ケアマネジャーは利用者の側に立つ介護の専門家ですから、彼らの視点から見れば私を非難したくなるのは当然です。入浴については利用者が入りたいと言えば毎日でも入浴させるべきだと批判されましたし、空床のベッドがあれば誰かを入居させるべきだとも言われました。

しかしすべての要求を受け入れて施設が潰れてしまえば、利用者の入浴どころではありません。空きベッドがあることは医療ニーズの高い人を受け入れる施設であることについて言葉を尽くして説明し、なんとか納得してもらうしかありませんでした。

介護事業は人とサービスのマッチングが命

ランニングコストなどの見直しに加えて、積極的な営業活動、収益化の仕組みづくりにも取り組みました。収益化の仕組みとは一言でいえばサービスと人のマッチングです。介護事業というのは決して放っておいても利益が出るような事業ではありません。人とサービスのマッチングがうまくいかなければ、あっという間にその事業体は潰れてしまいます。

利用者と必要なサービスに対して、過剰にスタッフが配置されていれば人件費が赤字になってしまいますし、反対にスタッフが足りていなければサービスが提供できずに介護保険料が算定できないからです。そのため利用者ごとにサービス計画を洗い出しながら、必要に応じてケアマネジャーにプランの変更などを依頼していきました。

在庫管理も手を加えていったことの一つです。譲り受けた施設は、在庫管理がまったくできていませんでした。そのため必要な備品が不足しているかと思えば、滅多に使わない備品が山のようにストックされているなど、無駄なコストが数え切れないほど発生していました。倉庫と呼ばれている場所があったので行ってみると、そこは倉庫など名前ばかりの場所で単なるゴミ置き場でした。そこには足の折れた椅子や傾いた机、柄の折れたモップなど、ガラクタが山のように積み上げられていたのです。このようなガラクタ部屋は1つや2つではなく、ある部屋などガラクタだらけで足の踏み場もないほどでした。ほかには水道が壊れていて使えない部屋などもありました。

こうした部屋を使える部屋にするために、電気や水道が壊れているところはきちんと修理し、ガラクタも業者に依頼してすべて処分しました。処分したガラクタは最終的に4トントラックで3往復もするほどでした。また、事務の人もいたのですが基本的な介護保険の介護報酬の計算すらできない状況だったので、基本的な報酬の仕組みも一から教えていかなければなりませんでした。

4カ月ほどで黒字転換を果たす

この頃は毎日が忍耐の連続でした。しかし歯を食いしばって一つひとつ改善していくうちに、少しずつ状況が改善していったのです。風向きが変わってきたのは4カ月目に入る頃でした。通帳の残高を見ると、それまでと少し様子が変わって毎月少しずつ残高が積み上がっていくようになったのです。そしてそれ以降は少しずつ経営が楽になっていきました。

経営が改善していった要因の一つは、思ったよりも早くベッドが埋まっていったことでした。もともと25床のベッドに対して16人の入居者で、9床が空いていました。この9床が比較的スムーズに埋まっていったのです。やはり、看護師が24時間常駐していて医療ニーズの高い人を受け入れられるというのが大きな強みになりました。看護師が窓口になって医療との連携も取りやすいため、医療処置が必要な人にも安心して入居してもらうことができました。

次なる目標に見据えたのは在宅だった

悪戦苦闘しながらもなんとか施設の経営が軌道に乗って来ると、私は次なる目標を見据えるようになりました。介護施設の運営と併せて私が取り組みたいと思ったのは、在宅医療です。私が初めて在宅医療に関わることになったのは、独立後なかなか思うように介護施設を任せてくれるオーナーが見つからず、訪問看護のアルバイトをしていたときのことです。もともと、生活のための一時的な仕事として飛び込んだ訪問看護でしたが、実際にやってみるとそこには想像以上に大きな課題が広がっていることを痛感しました。

日本は世界でも類を見ないほど高齢化が進んでいて、増え続ける高齢者の医療や介護をどのようにカバーしていくかは深刻な課題です。病院や介護施設の受け皿には一定の限界があるとすれば、地域が受け皿にならざるを得ません。実際に高齢者が住み慣れた地域で最後まで過ごせるように、地域包括ケアシステムなどさまざまな施策で政府も在宅医療を強力に推進しています。

専門職が点で存在し、連携が取れていないという地域の課題

私が訪問看護をして実際に見てきた現場は、高齢者などが安心して最期まで過ごせるような環境とはとてもいえませんでした。

一例を挙げると在宅が抱える課題の一つに介護や医療のリソースが地域に点と点で存在していて、それらの点が線でつながっていないという問題があります。ここでいう点というのは医師や看護師、薬剤師、ケアマネジャー、介護士などの医療・介護の専門職です。これらは本来であればチームで一人の利用者をケアするべきで、そうなってこそ真価を発揮します。実際に病院ではチーム医療が進んでいて、医師や看護師、薬剤師はチームで患者を治療します。

ところが在宅の場では横の連携が十分に取れていないため、それぞれの職種が点でしか存在せずにすべてに無駄が生じていました。例えば私たち看護師は、医師の指示を受けて患者宅を訪問します。一方で薬剤師も医師の処方せんを受けて患者宅に薬を届けます。実はここの連携はあまり取れていないことが多く、私たちも薬剤師もお互いがいつ患者宅を

訪問するのかまるで知らないことがあります。その結果、大きな無駄が生じてしまっているのです。

医師から点滴の指示が出たら、私たちは医師のところへ薬剤を取りに行き、さらに患者宅へ運んで点滴を行います。医師の所へ薬剤を取りに行くタイミングによっては、患者には翌日まで点滴を待ってもらわなければならないこともあります。そのようなときは苦しんでいる患者にすぐに点滴をしてあげられず、非常に心苦しい思いをすることがあります。

一方で薬剤師は薬剤師で、別のタイミングで主に経口投与の薬などを患者宅へ届けています。本来であれば点滴用の薬剤であれ口から飲む経口薬であれ、薬のことは薬剤師がすべて管理するのがベストです。そうすれば看護師は医師のところへ薬剤を取りに行く時間を、ほかの患者のケアにあてることができるからです。それに患者も体がしんどいなかで薬剤が届くのを待って、翌日まで点滴ができないということも減らせるはずです。

しかし実際には、薬局によって注射薬を取り扱っているところもあれば取り扱っていないところもあり、対応がさまざまなのが現状です。そのため近隣の薬局が注射薬を取り扱っていない場合は、どうしても看護師が医師のところまで行って薬剤を受け取らなければならず、大きなロスが生じているのです。

日本はまだまだ高齢化が進むと考えられていて、高齢化とともに医療ニーズの高い人を地域で受け入れる必要もさらに高まっていきます。その一方で看護師や介護士などのマンパワーには限りがあります。そうなれば、すでにいる看護師をいかにして有効に活用するかを考えなければなりません。医療ニーズが高い人が地域で安心して暮らせるようにするためにも、このような無駄はできるだけ省かなければならないと切に感じています。

紙ベースのアナログが支配する在宅介護

在宅医療や在宅介護の場では、いまだにすべてがアナログで紙ベースによって動いていることも衝撃でした。昨今、病院ではどんどん電子カルテの導入が進んでいます。病院の規模が大きいほど電子化が進んでいて、４００床規模の病院では９割以上、全体でも半数以上が電子カルテを導入しています（「厚生労働省令和2年度医療施設調査」）。カルテなどの電子化を進めることによって、患者情報を複数の専門職が同時に閲覧したり、書き込んだり、さらにはリアルタイムで情報の共有ができるようになるなど、チーム医療における職種間の連携が大きく進みました。

ところが病院の外に出ると、いまだにＦＡＸや電話が主な情報の伝達の手段です。紙媒体を主とした情報のやりとりの場合、患者情報を知るために患者宅に行ってファイルを確認するなどしなければなりません。また紙媒体から別の媒体に情報を移すのにも手間と時間が掛かります。

電子化が進まない大きな要因の一つは、共通したプラットフォームがないことです。これは電子カルテなどにもいえることですが、日本ではベンダーが自由にシステムを開発しているうえに、それぞれのメーカーの互換性がないため、やりとりを電子化しようとしても容易ではありません。病院であれば病院全体で統一したシステムを導入することが可能ですが、クリニックや訪問看護ステーション、居宅支援事業所などさまざまな事業体がチームを組む地域では、統一したシステムを導入することは至難の業です。そのため連携を取りたくてもそのためのツールがありません。

看護師や介護士は人手不足だと盛んにいわれています。しかし私が在宅の現状を見て感じた問題点は、看護師自体が少ないということよりも、多くの無駄のために効率的にケアを行うことができていないということです。薬の配達の例のような無駄が在宅には無数にあるため、看護師が実際に患者ケアにあたることができる時間は非常に限られてしまいます。そのことが現場の人手不足という感覚をより強くしているのです。

これからさらに医療ニーズが高い人たちが地域へ戻って来ることを考えると、ＩＣＴの活用などによって効率化を果たし、看護師や介護士が実際のケアに専念できる時間を生み出すことはなんとしても必要ではないかと私は考えています。

フランスの研修旅行で知った在宅入院制度

在宅医療に興味をもったもう一つのきっかけは、フランスの医療・福祉制度について触れる機会があったことです。独立後、思うように施設運営の話もまとまらずにアルバイト生活を送っているときのことでした。意気揚々と独立したのはいいもののどこからも施設運営の声が掛からず、すっかり自信をなくした私は、友人に誘われてとある看護師の集まりに参加しました。方向性を見失いそうになっていたときだったので、何でもいいから自分の今後の活動のヒントが得られればいいという思いから参加したのです。

そこで出会ったのが、日本の訪問看護の先駆者であるＹ先生でした。Ｙ先生はまだ日本に訪問看護という仕組みが確立する前に、在宅で活躍する看護師という分野をつくり上げた人です。集会ではY先生が講演し、訪問看護をつくってきたこれまでの歩み、現在の訪問看護の課題、これからの看護の可能性などさまざまなテーマで話をしていました。私はその講演にすっかり引き込まれてしまいました。看護師としてもベテランで70代になろうかという年齢でしたが、Y先生はとても輝いていて魅力的でした。落ち込んでいた私にとってはまぶしい存在で、このような看護師がいるのかと衝撃に打たれたのです。

　その講演会の席で誘われたのが、Y先生とフランスの在宅入院制度を見に行くための研修ツアーでした。オランダやフランスを回って現地の医療や福祉がどのようになっているのか、実際に見学するという趣旨でした。

　一定の期間ヨーロッパに滞在してあちこち見学するため費用はそれなりにかかります。しかもこのとき私は法人を退職してアルバイト生活の身です。ヨーロッパの研修費用を捻出することは簡単ではありません。しかしそれでもY先生からさまざまなことを学びたくて、二つ返事で研修ツアーへの誘いに乗っていたのでした。

　現地で視察したのは、オランダ発の在宅ケア組織であるビュートゾルフやフランスの在宅入院制度です。特に印象的だったのはフランスの在宅入院制度でした。フランスの在宅入院制度は、自宅を病院の延長としてとらえ多職種連携のもとで精神疾患以外の急性期後の患者に対して包括的なサービスを提供する仕組みです。この制度のなかで患者は医師の処方のもとで自宅にいながら病院にいるかのように、多職種による継続的な治療を受けることができます。

精神科を除くすべての退院患者が対象に

フランスに在宅入院制度が導入されたのは今から半世紀以上も前のことです。1980年代には、精神科を除くすべての急性期病院の退院患者が在宅入院制度の対象となりました。フランスの在宅入院制度はその名のとおり、自宅にいながら入院する制度ですから日本の在宅医療よりは高度な医療行為が行われる傾向にあります。例えば抗がん剤による化学療法や手術後の管理なども在宅入院で行われます。全体をコーディネートするケアマネジャーの役割を果たす医師がいて、さらに患者宅を訪問する医師や看護師、薬剤師などが多職種チームで関わります。

この制度のもとでは、抗がん剤を含めてあらゆる薬のことは薬剤師が責任をもって管理しています。そのため医師からの指示もスムーズに流れていくのです。医師からの指示が薬局へ流れ、薬剤師は抗がん剤を含めた必要な薬剤を準備して患者宅に届けます。薬局へ指示が出ると同時に看護師のところにも指示が来るので、看護師は薬局からすべての医薬品が患者宅に届いたタイミングで訪問します。それによって時間や労力のロスが生じることなく、看護師はすぐに点滴など必要な医療処置を行うことができます。

フランスの在宅入院制度を見学した私は大きな刺激を受けました。日本に必要な仕組みはまさにこれだと感じたからです。このとき以来、私の胸のなかにはずっと、いつかこのような仕組みを日本でも展開したい、という思いがくすぶり続けていました。

フランスでの研修ツアーの最終日、参加者全員がそれぞれ研修で学んだことや将来の展望を話す機会がありました。その席で私はフランスの在宅入院制度のような仕組みを日本でも導入し、それによって誰もが安心して過ごせる地域づくりをしたいと思いの丈を話しました。ほかの参加者は皆、自分がどのような看護師になりたいかなどを話すなかで、私だけが地域づくりなどと大風呂敷を広げてしまったので、その場で私は周囲から浮いてしまったと感じました。しかしY先生は一言、死に物狂いでやってみるようにと言ってくれたのです。そのとき私はたとえ時間が掛かっても、いつかフランスの在宅入院制度を日本でも実現しようと心に誓いました。

理想の施設づくりから思いは在宅へと広がる

このように、施設の外に出てそれまで思いも寄らなかった多くの課題が見えたこと、そしてフランスで在宅入院制度を学んだ経験などが重なって、私の目標はやがて理想の施設づくりだけではなく在宅の場へと広がっていきました。

地域で高齢者や病気、障がいをもつ人が安心して暮らすには、施設はもちろん必要ですがそれだけでは十分ではありません。24時間365日の見守りが必要な人には施設入所という選択肢があり、住み慣れた自宅で過ごしたいと願う人には在宅医療や在宅介護という選択肢があっていいはずです。このように考えて、次第に私の目標は在宅でも施設でもどちらでも安心して暮らせる仕組みづくりへと移っていきました。

このように考えて訪問看護と訪問介護事業にも取り組んでいくなかで、在宅医療や在宅介護に根深いさらなる問題点も見えて来るようになりました。その一つに、例えば高齢者の食事の問題があります。

訪問介護には自分で買い物に行ったり食事の準備をしたりすることのできない高齢者に

対して、代わりに買い物をしてから食事をつくるサービスがあります。訪問介護のスタッフが利用者の自宅を訪問して冷蔵庫を確認し、買う物を相談してからスーパーに行き、買い物をして再び戻って来るまで少なくとも30～40分は掛かります。それから買ってきた物を使って料理をしていれば、さらに同じくらいの時間は必要になるはずです。すると買い物と調理だけで、1時間半くらいのサービス時間はあっという間に終わってしまいます。

訪問介護の時間が終了したあとはどうなるかというと、ここにご飯を置いておくので食べるようにと声を掛けてからその介護士は帰っていきます。介護士としては決められた時間内に決められたサービスを提供しているので何も問題はありません。しかし利用者の立場になってみたら、果たしてそれで十分かといえば私はそうではないと考えています。なぜなら利用者の心をケアするということを考えたときに最も重要になるのは、一緒に食事を楽しむ相手がいることだと私は思うからです。

介護サービスでは解決が難しい高齢者の「孤食問題」

もちろん足が悪い高齢者の代わりに買い物をしたり、自分で料理をつくることができない人の代わりに料理をしたりすることは大切なことです。しかし心の満足度を高めるために最も必要なことは、食事をするときに隣に誰かがいることではないかと私は思うのです。なぜならいくら訪問介護が入って食事をつくっておいても、翌日行ってみたらまったく手がつけられないままテーブルに置かれているということがよくあるからです。食事を食べていないので、食後に飲む薬も当然飲んでいません。想像するに介護士が帰ったあと残された利用者は静まり返った部屋で一人、食事をする気にならなかったのではないかと思います。

冷たくなった食事を処分しながら何度も私たちが本当に関わらなければならないところはどこなのだろうと自問しました。そうしてたどり着いた答えは、食事を提供するだけではなく、利用者が食事をしている隣で、今日はいい天気ですね、味噌汁はおいしいですか？などと何気ない話し相手になることだったのです。

これは現状の介護サービスが高齢者の本当のニーズを満たしているとはいえず、ミスマッチが起こっていることの一例といえます。高齢者は何よりも心が触れ合うなかで、温かいコミュニケーションを取れる相手を欲していると私は考えています。介護も看護もコミュニケーションなくしては、決して満足いくケアなどできないのです。

高齢者は退院後の機能回復の場がない

このほかの課題としては、退院後の機能回復を担う場所が不十分という点も挙げられます。今日本は国を挙げて在院日数の短縮を進めていて、病院に入院する期間はどんどん短くなっています。それ自体は医療経済の観点からやむを得ない面もあるのだと思いますが、一方で早期に退院した高齢者が十分に体の機能を回復できる環境が整っているかといえば、それは甚だ疑問です。

入院日数が今より長かった頃は、体調が悪化して入院して手術などの治療を受けたあとに、しっかりリハビリをして体の機能を回復させてから退院することができました。しかし今は一般病床の平均在院日数は2週間程度で、とてもではありませんがリハビリをする余裕はありません。その結果どうなるかというと、入院前までは自分の足で歩いて口から食事を摂っていたような高齢者が、ほとんど歩けずに食事も通常食は食べられないような状態でいきなり自宅へ戻って来ることも少なくないのです。高齢者は数日間寝たきりや安静の状態が続くだけでも、廃用症候群といって心身の機能が低下してしまうことがあるからです。

そのような状態で患者が自宅へ戻って来ると家族の負担は計り知れません。入院前は自分で食事や排泄をしていたはずなのに、退院後に自宅へ戻ったときには食事も入浴も排泄もすべてに介助が必要になることだってあり得ます。入院によって大きく身体機能が低下してしまった高齢者に対しては、いくら私たちが訪問看護でケアしても回復させるには到底至りません。するとその高齢者はその後ずっと寝たきりになってしまう可能性があるのです。

こうした現状を考えれば、介護施設には病院と在宅をつなぐ機能回復、リカバリーの機能がよりいっそう求められると感じています。もちろん病院からそのまま施設に入りたい人は、その選択肢を選ぶべきです。しかし自宅へ戻りたいと思う人は、自宅で安心して過ごすための機能回復の場として施設が機能すべきだとも考えています。

高齢者が退院後、すぐに自宅へ戻るのではなく施設がワンクッションとして間に入ることで、自宅で暮らすのに必要なリハビリを行ってから戻ることが可能になります。このような機能回復の場がなく、いきなり自宅へ戻っても、誤嚥を繰り返したり転倒をしたりなどまたすぐに病院に逆戻りして、なんのための在院日数削減なのか分からなくなってしまいます。

入院で寝たきりになった高齢者が1カ月で立てるように

高齢者の身体機能を回復させるために、介護施設は最適な場所だと私は考えています。病院ではなく生活の場として日常生活に必要な機能訓練を行うことができますし、同時に常時看護師がいるため自宅よりは安全だからです。実際に私の施設で受け入れている入居者のなかには、病院でほぼ寝たきりに近い状態だったのに自分の足で立ったり歩いたりできるようになった人、あるいはベッドの上に上半身を起こして自分で食事を摂れるようになった人などが何人もいます。

病院ではほぼ寝たきりだったのに、私たちの施設で過ごすうちに再び歩けるようになった人などを見ると、病院の医療従事者や家族の人たちはとても驚きます。

例えばこのようなケースがありました。新型コロナウイルスに感染して入院した高齢者のことです。もともと軽い認知症はあったものの身体的には自立していて、自宅で家族に見守られながら暮らしていました。ところがコロナに感染して入院し、そこから重度の肺炎を発症し、長期間入院することになってしまいました。すると入院生活で心身が弱くなってすっかり寝たきりになり、認知症も進行して家族の顔も分からなくなってしまったのです。

この様子を見た家族はとても心を痛めました。そしてこのような状態でこのまま病院で看取りたくない、なんとしても退院させたい、と強く希望しました。ところが家族が退院を強く希望しても、退院後の受け入れ先はありません。コロナ禍ということもあり、医療依存度の高い高齢者を受け入れる施設はどこにもなかったのです。

一方の病院側も退院には否定的でした。自力で起き上がることもできず、家族の顔も分からないほど認知症が進んでしまった患者を施設で看られるはずなどないと、強く退院を拒みました。主治医は認知症もあって暴力をふるうこともある患者を施設に預けることなどできないとまで言っていました。

しかし家族から入居の相談を受けた私たちは、二つ返事で受け入れを快諾しました。それはどのような状態の利用者であっても受け入れる自信があったことと、最期くらいはその人らしく過ごさせてあげたいと思ったからです。私たちの施設には臨床経験があるベテランの看護師が24時間常駐しているので、リスクの高い利用者でも安全に受け入れることができます。病院との違いは医師が同じ施設内にはいないことぐらいで、経験のある看護師が十分に配置されているため、ほかの施設で断られた利用者であっても受け入れることができるのです。

そこから家族と一緒に病院の担当医などを説得し、許可を得るとすぐに退院調整に入りました。そしてその利用者は私たちの施設で過ごしながら生活リハビリを受け、やがてベッドで起き上がれるようになって、次に車椅子に座れるようになりました。そうして車椅子の次は普通の椅子に座れるようになり、なんと1カ月もする頃には介護士に支えられながら自分の足で立つことができるまでに回復したのです。

体の機能が回復して来るとともに意識のほうもはっきりしてきました。目の焦点が合うようになって話せるようになったかと思うと、口から食べられるようにもなったのです。そこで家族が持ってきた好物の肉などを小さく切って口に含ませてあげると、本当にうれしそうににっこり笑いました。この笑顔はずっと病院にいたら、決して見ることはできなかったに違いありません。

その後もこの人は持病の診察などで入院していた病院を受診することがありましたが、主治医はあまりの回復ぶりに信じられないといった様子でした。

介護は生活を支えるプロフェッショナル

なぜ私たちの施設でこのようなことが可能になるかというといくつもの理由はあります。餅は餅屋という言葉があるように、生活を支えるには私たちのような介護のプロにしかできないことがあるのだと考えています。病院は治療をするところで、医療のプロフェッショナルがそろっています。私たちは治療はできませんが、食事をしたり入浴したり、あるいは心を支えたりなど生きることに寄り添うプロフェッショナルです。

かつて急性期一辺倒だった私は、患者を「生かす」ことを主体に取り組んでいました。しかし介護の場で必要になるのは、利用者の生きる力を支えることです。利用者自らが生きようとする力をサポートすることによって、病院では考えられないような変化が起こることがあるのです。

例えば立つこと一つとっても、病院では転倒などのリスクを考えて患者に安静を指示します。これは施設も例外ではありません。リスクを徹底的に排除しようとすれば、行き着く先は利用者からすべての自由を奪うことしかありません。立ち上がることで少しでも転倒のリスクがある人に対しては、ベッドから動かないように指示したり、車椅子以外では移動させたりしないということになってしまいます。

ですが生きているなかで一つもリスクがないなどということはあり得ません。健康な人であっても時にはつまずいて、転ぶことくらいあるはずです。もしも本当にすべてのリスクを排除しようとすれば、家から一歩も出ずに引きこもって暮らすしかありません。しかしそれでは、外に出れば得られるはずの喜びや感動にも出会うことができないのです。

食事も同様です。飲み込む力が弱くなっていった高齢者から誤嚥のリスクを完全に排除しようと思ったら、食事を食べさせることができなくなってしまいます。すると胃ろうや点滴でしか栄養を摂ることができなくなり、食べる喜びが失われてしまいます。しかし食べる喜びは生きる喜びにつながります。それを奪ってしまったとして、その人が幸せを感じて日々を過ごせるはずなどないのです。

私はこのような話を必ず一度は利用者家族に説明し、リスクを避けるために必要以上に利用者の自由を制限すべきではないことを話しています。多くの家族はこの説明に納得し、残りの人生を自由に過ごさせたいと望みます。

リスクを避け過ぎて自由を奪ってはならない

もちろん認知症があって歩けないのに無理に立ち上がろうとしてしまう人や、飲み込む力がとても弱くなっている人などさまざまなケースがあります。しかし少しでも本人に歩ける能力、立ち上がる力が残っているうちは、できるだけ立ちたいと思ったり歩きたいと思ったりする気持ちを尊重します。食事についてもリスクを最大限に減らしたうえで、できるだけその人の希望を叶えるように私たちは努めています。

そのため車椅子の人やたとえ寝たきりの人であっても、1日に2回は必ずベッドから降りて車椅子に乗って過ごす時間をつくっています。そして一緒に窓から外を眺めるなど、視覚や触覚、嗅覚などの五感を使うことを大切にしているのです。寝たきりの家族が車椅子で移動して外の景色を楽しんでいる様子を見ると、家族は本当に喜んでくれます。介護度が高い人は多くの場合、病院に行ったり検査をしたりするとき以外はほとんど寝たきりで過ごします。しかし少しの時間でも起き上がって景色を眺めるなどしている様子を見ると、家族が人間として大切にされていると実感できるのだと思います。

家族や本人の要望で、施設ではなく在宅でサポートすることもあります。例えばある利用者は、がんの末期で酸素マスクがなければ過ごせないような状態でした。医師からは余命は数日～数週間と言われていました。しかし家族はどうしても最期は病院ではなく自宅で看取りたいという強い希望をもっていました。そこで私たちの訪問看護チームがサポートして、自宅へ帰すことになったのです。

退院が決まった翌日には家に連れて帰り、私たちの訪問看護と訪問介護が関わり、自宅で10日間過ごしたあとにその人は亡くなりました。家族は亡くなったことは悲しいけれど、最後の最後に自分たちのそばでできるだけのことをしてあげられたから、悔いはないと言っていました。この家族にとって病院でそのまま看取りになってしまったら、最後のお別れも十分にできずにずっと後悔が残ったかもしれません。しかし訪問看護などが関わることで、思い出の詰まった自宅で看取ることができました。このように場所は施設であっても在宅であってもどちらが正解ということはありません。その人や家族が満足できる場所で過ごすことを私たちはサポートしたいのです。

コロナ禍で面会制限せず、感染者はゼロ

人は一人では生きられないとよく言います。生きる力を引き出すために家族の力は本当に計り知れません。２０１９年末から世界中で新型コロナウイルス感染症のパンデミックが起こりました。しかし、私の施設ではコロナ禍でもいっさい、家族の面会を制限しませんでした。細心の注意を払い最大の感染症対策を行ったうえで、普段どおりに利用者と家族が面会できるようにしていたのです。

それはなぜかというと、私たちが介護をするうえで家族の愛情や家族の力は欠かせないものだからです。私たちがどれほどプロフェッショナルをそろえ、最新の機器を用意してケアしても、家族の力なくしては利用者を幸せにしたり、笑顔にしたりすることはできません。大好きな家族の顔を見るだけで、高齢者は笑顔になれます。このようにどれほど介護士が心を尽くしてケアしても、家族との触れ合いに代わることはできないのです。

利用者と会って元気をもらえるのは、面会に訪れる家族の側も同じです。新規入所の面談における最初の質問の多くが、入所しても家族に会えるかという確認です。皆、さまざ

まな事情があって自宅で介護することはできなくても、大切な家族に会いたいのです。ですから会えることを伝えると、家族はどの人も安堵の表情を浮かべます。

もちろんコロナの感染リスクを軽視すべきではありませんし、万全の感染症対策を整えることは大前提です。コロナに感染して治療を受けている最中の人が病院で隔離されるのは仕方のないことです。しかし、感染していない人が、感染させるかもしれないというリスクを避けるあまり、人生の最期で家族に会えないというのはあまりにも理不尽な話に思えてなりません。そのため細心の注意を払いながらも、コロナ禍を通して私の施設では一度も面会を制限しませんでした。

すると不思議なことなのですが、面会を制限しなかったにもかかわらず、施設内でコロナに感染した人は一人も出なかったのです。スタッフに数人感染者は出ましたが、利用者には一人も感染者が出ませんでした。この事実には本当に驚きました。私の施設は医療ニーズの高い人が入居しているので、コロナに感染するリスクは高いはずだからです。もしかしたら大好きな人に会えて元気をもらい、笑顔で過ごしていることで免疫力が高まったのかもしれません。

増え続ける医療的ケア児

地域に出て多くの課題があることを知りましたが、課題は高齢者の介護だけではありません。障がいをもつ子どもと家族もまだまだ支援が不十分で、地域から取り残されています。

昨今、医療技術の進歩によって、未熟児などで生まれてＮＩＣＵ（新生児集中治療室）に長期間入院したあとに退院し、自宅で過ごす子どもが増えています。こうした子どもには、退院後も胃ろうや人工呼吸器などの医療的措置が必要であったり、障がいがあったりすることがあります。自分で歩ける子どもから寝たきりの子どもまで程度はさまざまですが、このような子どもは医療的ケア児と呼ばれます。

医療的ケアが必要な子どもの数は年々増えていて、厚生労働省によれば２０１８年には全国に約2万人の医療的ケア児がいると推計されており、今後も増えていくと考えられています。しかしこうした子どもやその家族に対する支援は決して十分ではありません。

このような子どもをケアする施設も人員もノウハウもまだ十分に整っていないため、現状では母親を中心とする家族に大きな負担が掛かってしまっています。多くの場合、子どもに病気や障がいがあった場合、母親は仕事も趣味も生きがいもすべてを犠牲にして、子どもの世話をしています。数時間おきに痰の吸引などが必要であれば、夜中も数時間おきに起きてケアする生活が３６５日続くのです。

　このような状態の家族が抱えている問題は多岐にわたりますが、その一つに医療ニーズの高い子どもを預かる施設が足りていないという問題があります。障がいのある子どもを預かる放課後等デイサービスという、学童のような施設は増えています。しかし一口に障がいといっても状態はさまざまで、医療ニーズの高い子どもが入れるデイサービスは十分ではありません。

障がいをもつ子どもの入浴施設がない

　また、私が障がいをもつ子どもの家を訪問看護で行ったときにしばしば目にしたのは、自分の背よりも大きな子どもを母親が抱えて、必死になって入浴させている場面です。高齢者向けのデイサービスでは、入浴施設を併設しているところがたくさんあります。

　それに対して障がいをもつ子ども向けのデイサービスは、あくまで集団生活を送るために必要なスキルを獲得したり、子どもの自立や成長を促したりするための場所です。そのために多彩なプログラムがそろっていて、子どもたちはそこで学んだり遊んだりします。まさに学童のような場所ですから、そこで入浴をさせるという発想はありません。

しかし、実際問題として障がいをもつ子どもの家庭では入浴は切実な問題です。まだ子どもが乳幼児で小さなうちはなんとかなります。母親は健常児の子どもと同じようにわが子を抱えて入浴させ、体を洗うことができるからです。しかし子どもは成長しますから、やがては母親の背を超えてどんどん大きくなります。それでも自宅で子どもを入浴させることができるのは家族だけであるため、母親が苦労しながら入浴させているのです。

私たち訪問看護師は医療的ケアのため患者宅を訪問しますが、実際は入浴介助に訪問時間の大半を使うことも少なくありません。訪問入浴などのサービスもありますが、実際には家族が入れているケースが多いため、自ずと患者宅を訪問する看護師がそのサポートをすることになるのです。

医療依存度の高い子どものショートステイも不十分です。医療的ケア児のショートステイは、必要な医療的ケアや介護を提供しながら数日〜数週間、入浴や排泄、食事などのケアをします。ケアの対象は人工呼吸器をつけている人や重症心身障がい児などさまざまです。医療的ケア児が増えているのに対して、こうした子どもを短期間預かるショートステイの数はまったく足りていません。

24時間365日、介護をしなければならない家族にとってショートステイは切実に必要な施設です。家族自身が体を休めるレスパイトのためにも必要ですし、家族自身が通院したり、冠婚葬祭、ほかの子どもの世話などさまざまな理由で障がいをもつ子どもを看られなかったりするときがあるからです。また、こうした理由だけではなく利用者同士が交流を深めるためにもショートステイは頼もしい場所です。しかしこのようなショートステイは開設できるのが病院や介護老人保健施設などに限られているためなかなか開設が進まないという現状があります。

障がいをもつ人が暮らせるグループホームも不足

短期入所であるショートステイだけではなく、終生暮らすことができるグループホームもまったく足りていません。昨今、8050問題がクローズアップされています。8050問題では引きこもり生活が長く続いた50代の子どもを高齢になった親が支える社会問題で、この背景には精神疾患や障がいがあることも少なくありません。

私たちが訪問する先でも、80代の親が障がいをもつ50代の子どもをケアしているというケースがあります。支える親自身も高齢者ですから、本来であればケアされる側になるはずです。しかし、障がいをもつ子どもを安心して任せられる場所がないため、高齢になっても体に鞭を打ってわが子のケアをしているのです。このようなケースでは早晩、とも倒れになってしまうリスクが非常に高いといえます。こうした状況を改善するには、医療ニーズが高かったり障がいがあったりする人が安心して暮らせるグループホームの充実が欠かせないと感じています。

このように障がいをもつ子どもを抱える家族を支える体制はあまりに未整備です。高齢者を受け入れるさまざまなサービスは少しずつ整ってきましたが、障がいをもつ子どもの家族が社会から分断されないように、こうした課題にも一つひとつ向き合っていかなければならないと感じています。

根底にあるのは介護士の教育が不十分なこと

施設などさまざまな受け皿が不十分な点について触れてきましたが、根底となる人材の育成にも問題が残ります。私が強く感じているのは、介護士の教育が不十分であることです。介護職はほかの職種に比べて離職率が高いと指摘されてきました。昨今の処遇改善加算などによって少しずつ改善されていますが、依然として短期間で離職する人が多く、勤続年数５年未満が半数近くを占めています（「２０２０度介護労働実態調査・事業所における介護労働実態調査」）。

このように短期で離職を繰り返すことの理由としては、職場の人間関係などが理由として挙げられます。しかし私は根底にあるのは教育だと感じています。なぜなら確立された教育が行われていないことが、介護士の働きにくさや離職率の高さなどにすべて関係しているからです。

数年におよぶ時間を掛けて看護の基礎理論から実践まで徹底して教育を受けて、最終的に国家試験に合格して資格を取れる看護師と異なり、介護士の資格を取るために必要な力リキュラム数は初任者研修で１３０時間です。もちろん介護士資格のなかでも介護福祉士などはまた別です。介護資格のなかで唯一の国家資格である介護福祉士は、介護の基本から高齢者とのコミュニケーション、生活支援、心と体の仕組み、認知症、医療的ケアなど幅広く介護に必要な知識とスキルを学びます。しかし、初任者研修や実務者研修などでは、必ずしも十分なカリキュラムが組まれているとは限りません。

また、新人看護師には一般的にプリセプターなどと呼ばれる教育担当者がつくことが大半です。先輩看護師がプリセプターとなり、技術面からメンタル面までさまざまなフォローアップを行います。さらに日本看護協会などによる教育システムであるクリニカルラダーなども整備されています。クリニカルラダーでは、看護師として身につけるべき論理的な思考や実践的な能力がいくつかの段階に分かれて明示されています。これに沿って看護師は各段階の目標を目指してスキルアップすることができます。こうしたクリニカルラダーは日本看護協会が作成したものから各病院が独自でつくったものまでさまざまですが、看護師が成長するための指針となっています。

共通言語をもつ看護師、バラバラの方向を向く介護士

看護師は長い看護師育成の歴史のなかで、確立された教育方法をいくつももっています。そしてこのような教育を受けた看護師は、皆自分なりの看護観をもっているのです。例えば私自身が今もっている「生きる力を支える看護」という看護観は、看護師としての土台となる教育があり、そのうえで自分なりの経験を重ねることで培ってきた看護観です。

一方で介護士の教育はどうなっているかというと、現場に出てからの教育はもっぱらＯＪＴ（オンザジョブトレーニング）です。実際に現場に出て働きながら、先輩や上司からその都度指導を受けることになります。もちろんＯＪＴも現場で実践的な能力を高めるために有効なトレーニング方法です。しかし問題点もあります。それは指導してくれる先輩によって、指導内容にばらつきが出てしまうことです。

徹底的に基礎から学ぶ看護師は、看護方法に個人差や病院差はあったとしても、土台になる看護が大きく変わることはありません。ナイチンゲールの看護論からしっかり学ぶため、それぞれの考え方は異なっていてもベースの部分は同じだからです。しかし早ければ

１カ月程度で資格を取って現場に出て来る介護士の場合、介護士ごとにケアの方法や考え方に大きな差が出ることが珍しくないのです。

そうなると、現場に出てからが大変です。先輩介護士によって正しいケアの方法がまるで異なるというような混乱が生まれてしまう可能性があるのです。

これは初めて介護の世界に入ったときに私が強く感じたことでした。土台となる教育がしっかりしている看護師の場合、看護師としての共通言語があるため右と言えば多くの看護師が右を向きます。ところが介護士の場合は介護士としての共通言語がないため、ただ単に右と言ってもそれぞれの介護士がバラバラの方向を向いてしまうのです。

このことはケアを受ける利用者だけではなく、介護士自身にとっても不幸なことです。自分の行っているケアが正しいかどうか分からずに、自信がもてなくなってしまうからです。あるいはＡ先輩とＢ先輩の言うことが違うため、どちらの言うことを聞いていいか分からず、それが人間関係の不和にもつながってしまうのです。

実習が必須でないことが職場とのミスマッチを生み出す

現場実習がなく、机上の学習だけで資格が取れてしまうこともマイナス面があります。一口に介護職といっても、特別養護老人ホームから介護老人保健施設、民間の老人ホーム、グループホーム、デイサービス、訪問介護と活躍する先は非常にバラエティに富んでいます。同じ施設介護であっても介護士や看護師、理学療法士まで抱える大規模な施設から介護士と数人程度の利用者メインのグループホームまで多様化しています。

しかし、こうした職場が実際にどのような場所なのか、まったく見ることも体験することもなく資格が取れてしまうため、働き出してから思っていた仕事と違う、と感じて、離職してしまう人もいます。実際には大規模な介護施設が合わなかったとしても、アットホームなグループホームならばやりがいをもって働ける人もいるはずです。あるいは施設介護が合わなくても、訪問介護ならば働きやすいかもしれないのです。ところがいっさい現場を知らないで介護職に就いてしまうため、ミスマッチな職場に入って介護の仕事自体にネガティブなイメージをもってしまう人もいるのです。

こうした問題はすべて教育に根付いている問題です。現場に出てしまってからではなく、介護士になる前の教育の段階で改善すべき問題なのだと私は考えています。

このように、施設介護と地域での看護・介護を通して見えてきた課題は無数にありました。これらを解決するためには、施設づくりだけに取り組んでいても十分ではありません。また、医療と介護のどちらかだけでも不十分です。施設と在宅、そしてそれらを取り囲む地域づくりや街づくり、そして医療と介護の双方からのアプローチが必要です。このように考えた私の意識は、いつしか理想の施設づくりを超えて、地域全体を良くしていきたいという思いに変わっていったのです。

第4章

起業家ナースだからこそ実現できる！地域に根ざし、看護と介護の境目がないサービスの提供

心が起きれば生きる力が湧いてくる

今、私が看護であれ介護であれ、最も大切にしていることは、「心を起こす」ということです。心を起こすとは、空の青さや風の心地よさなど五感を使って生きていることを感じてもらうことです。心が起きれば人は自然と食べたい、立ちたい、歩きたいなど生きる力が湧いてくるというのが私の持論です。

社会とつながり、人と人との触れ合いのなかで、自分が誰かに必要とされていると思えることも大切です。私が急性期病院で看護師をしているときは、入院して数日間であっという間に筋力が低下し、歩けなくなったりいろいろなことができなくなったりした高齢者をたくさん見てきました。

できなくなることが増えていくと、次にその人が考えることは、このような自分が生きていても誰の役にも立たない、子どもにも迷惑に違いない、ということです。自分のことを社会のお荷物のように考えて、生きる価値がないと思ってしまうのです。実際はそのようなことはないのですが、入院をきっかけにこのように思ってしまう高齢者はとても多くいます。

自分に生きる価値がないという思考に陥ってしまうと、ネガティブな考えに引きずられて体の回復もどんどん遅れていきます。私たちは誰もが社会的な役割をもっていて、誰かに必要とされているからこそ生きる意欲が湧いてきます。しかし自分には生きる価値がないと思い込んでしまっている人は、退院後に自宅や施設へ戻っても再び歩くことができなくなってしまうのです。このような状態になってしまうと、病気が治ってからも日常生活に復帰することがとても難しくなってしまいます。

ネガティブな気持ちに引きずられて心身の機能が低下してしまうことを防ぐために、私たちはケアのなかで事あるごとに、あなたは生きているだけで存在価値がある、ということを伝えています。言葉で伝えるだけではなく、関わりのなかでそうした思いが伝わるようにも配慮しています。例えば目を見て話すこともそうですし、手など体に触れることもそうです。利用者には生きているだけで存在価値があることを実感してもらえるように、日々のケアで心掛けているのです。

こうしたことを私たちは「心を起こす」と呼んでいます。注射や点滴をする人が看護師なのではなく、排泄や入浴介助をする人が介護士なのではありません。そうではなく、「心を起こす」人が看護師であり介護士であると私たちは定義しています。

偶然の出会いが結んだあるグループとの縁

理想の介護施設づくりからスタートして、地域へと軸足を移してきた私は「心を起こす」看護・介護を提供するためにはどうすればいいかを考え続けてきました。そしてたどり着いた答えは、地域全体や街全体で高齢者や障がいをもつ人を支える街づくりでした。年をとったり障がいがあったりしても安心して地域で暮らし続けるには、医療や福祉だけの力では不十分です。医療と介護がまったく異なるさまざまな業種とコラボレーションすることで、地域全体を住みやすくする街づくりの視点がなければ、本当に困っている人を救うことなどできないと思い至ったのです。

このように街づくりを最終的な目標としましたが、それをどのように具体化すればいいかはまったく分かりませんでした。医療と介護の世界しか知らなかった私にとって、それ以外の業種とのつながりなど皆無だったからです。

ところが、あるとき偶然の出会いによって、思いも掛けない方向から私の理想はどんどん現実味を帯びてきました。それは現在、私の施設が参画しているグループとの出会いです。そのグループは明治時代から続く大阪港を中心とした港湾運送の老舗業者で、現在は総合物流企業として物流やＡＩなどの先端技術を使った業務など幅広く展開しています。

グループの会長は元力士で、会社には相撲部があり多くの元力士が活躍しています。あるとき私は友人から、たまたまその相撲部の慰労会に誘われたのです。相撲部の慰労会といっても、私は相撲には縁もゆかりもありません。参加しても話が合うかどうかも分かりませんし、初めは断っていました。しかしとても仲の良い友人から、ぜひ一緒に行こうと誘われて、そこまで言うならと友人の顔を立てるくらいのつもりで参加しました。

その慰労会の席で会長に挨拶をする機会があり、自己紹介も兼ねて介護施設を経営していることなどを話しました。すると会長は私の事業内容についてとても興味をもってくれました。そのため私もついつい熱が入って介護施設づくりから始まって訪問看護や訪問介護などを展開してきたこと、しかし医療と福祉だけでは限界を感じていることなどを熱く語ったのです。

そこからは予想外の展開で、なんと私は会長の誘いで後日、グループの役員の前で改めてプレゼンテーションをすることになったのです。ズラリと居並ぶグループの役員の前で、私は自分自身の思いの丈を訴えました。地域で高齢者も障がいをもつ人も孤立していることや医療と福祉だけでは限界があることを説明したうえで、私は街づくりがしたいので、どうか力を貸してほしいと夢中になって発表しました。

結果は大成功でした。会長だけではなくその場にいた役員たちからも私の考えに理解を得ることができて、晴れて私の会社はそのグループに参加することになりました。何も分からずに大赤字の介護施設をM＆Aで譲り受けた私は、気づけばM＆Aで自分の会社を譲る立場になっていたのでした。

ロジスティクスをもつ異業種だからこそできること

そのグループとの出会いは私にとって大きな転機となりました。なぜなら彼らは私が目指す街づくり構想に欠かせない、ロジスティクスをもっている企業だからです。ロジスティクスとは材料の調達から生産、消費者の手に届けるまでの一連の物流を一元管理することです。大阪港を中心に港湾の物流から発展してきたこのグループは、まさに私が必要としていた地域をカバーする強固な物流網をもっていたのです。

私はグループのことを知ったときに、訪問先の高齢者宅で感じた在宅医療や在宅介護に欠けているパーツがそろったように感じました。利用者宅を訪問したとき、買い物や調理だけでサービス時間が過ぎてしまい、ゆっくり利用者と会話もできない現状が本当にもったいないと感じました。しかしこうした悩みは、さまざまな業種とコラボレーションすることで解決が可能だと私は考えているのです。

例えばそのグループは業者向けの大きな荷物を運ぶ仕事から、スーパーで購入したものを個人宅まで届けるような小規模な配送も手掛けています。こうした物流網と組み合わせることで、介護士は貴重なサービス時間の大半を使って、スーパーまで買い物に行く必要がなくなります。

あるいはさらに一歩進めて、これにＩＣＴ化などのシステムを絡めることも可能かもしれません。今は多くの人がインターネット通販を利用していて、インターネットスーパーなども盛んです。高齢者でインターネットを使う人は少数かもしれませんが、介護士が代わりにネットなどの操作をすることは可能です。

利用者宅を訪問した際に必要なものを確認しながら、あるいは利用者と一緒になって必要なものを選びながらインターネットで注文し、次回の訪問時に届いているようにすれば、介護士が買い物に行く時間を省くことが可能です。それによってこれまで買い物にあてていた時間を利用者との会話や触れ合い、つまり心のケアにあてることができるのです。

利用者の生活リハビリや自立を促すために、利用者と一緒に買い物に行くことなどは意味のあるケアだと思います。しかし利用者を家に残して介護士一人が買い物に行くのであれば、わざわざ歩いて店舗まで行く必要はなく、さまざまな物流網を活用して効率化できるはずです。

同様にスーパーでの買い物だけではなく、高齢者向けの宅配弁当などにもこうした仕組みは活用できると思います。高齢者向けの弁当を注文してそれを介護士が訪問している時間に届くようにすれば、高齢者が一人で食事をする孤食を防ぐことができます。介護士は利用者が食事をしているのを見守りながら、時に世間話をしつつ、洗濯などそのほかの生活支援をすることができるのです。

不合理なルールも多い介護保険制度

もちろんこのような理想の形はすぐには実現できません。仕組みづくりの前に、法整備などクリアしなければならない課題があるからです。例えば今の介護保険制度のなかでは、介護士が利用者の代わりに生活必需品を歩いて買いに行くことは認められていますが、インターネットで買い物を代行することは生活支援に該当しないと判断されてしまいます。

しかしこれは本来であればおかしな考えです。高齢者を社会全体で支えるというのが介護保険のそもそもの趣旨であったはずです。その支え方が、介護士が足を使ってスーパーへ行って買い物をするのはＯＫで、インターネットなどのシステムを使って買い物をサポートすることはＮＧというのは、どうも理屈に合いません。

介護現場には、このようなあまり合理的とはいえないルールも数多く存在します。私たち現場を知る看護師や介護士は、本当に利用者のためになる仕組みをつくるために声を上げていかなければならないのです。

街づくりのシンボルとなる施設の建設に着手

いずれにしても幅広いロジスティクスをもつ強力なパートナーを得た私は、最大の目標である街づくりに向かって具体的な一歩を進めることができるようになりました。第一歩とは、街づくりの中核をなすシンボルとなる施設の建設です。この施設を中心として、私は自分自身が医療と介護の両方で学んできたこと、経験してきたことの集大成にしたいと考えています。

新施設は高台にある約１２８０坪の広大な敷地のなかに建設されます。「心を起こす」ことをコンセプトに医療や介護が提供されるほか、福祉、教育、そして地域コミュニティの中心となる予定です。もともと修道院が建っていたというこの場所は、草木が生い茂り、鳥がさえずる自然豊かな土地です。ここで利用者は風を感じ、空を見上げ、太陽の暖かな日差しを頬に感じながら過ごすことができます。

心を起こすケアを目指した施設の象徴的なものは、庭です。生きていくうえで五感の刺激は何よりも大切で、生きる喜びにつながります。新施設では利用者が風のさわやかさや草木の緑、太陽の日差しを感じられるような美しい庭をつくる計画です。

また、利用者は自由にこの庭に出て、鳥の鳴き声や草木の匂いを楽しむことができるようにもする計画です。なぜなら自然のなかで四季を感じることは、そのまま生きる力につながるからです。毎日同じ部屋のなかで決まり切った日課を過ごすのでは、生きている喜びを感じることはできません。そうではなく利用者には風が暖かくなったことで春を感じ、庭に咲くあじさいを見て梅雨を感じ、梅雨明けの強烈な日差しで夏の訪れを知ってほしいのです。

こうした自然を実感してもらうために庭への出入り口は鍵を掛けずに、自由に出入りができるようにしたいと思っています。また、車椅子や寝たきりの人も庭で過ごせるように、バリアフリーのテラスを設けて、ベッドごと庭に出られる設計をするなど工夫しています。

一般的に高齢者施設というと、施設という名の箱のなかに高齢者を集めて自由な出入りを制限し、箱のなかでケアを提供するところが大半です。利用者を自由に過ごさせてあげたいと思っても、多くの管理者が安全のためには利用者の自由を制限するしかないと考えているからです。そのためすべての出入り口がオートロック式で、自由に出入りはできない施設が一般的です。

見守りシステムを活用して高齢者の自由な生活を守る

実は利用者の自由な生活を実現することは、それほど難しいことではありません。創意工夫とシステムの活用によって、利用者の自由な生活は十分実現可能なのです。新しい施設は施設全体にＩＣＴを活用した見守りシステムを配備して、利用者の安全を守ります。施設内には最新の見守りシステムを配備し、利用者が部屋から出入りしたり、庭に出たりしたときなどはすべてＩＣＴシステムで把握することで安全を担保します。このようなＩＣＴシステムの活用は、利用者の安全を守ると同時に介護者の負担を軽減することにもつながります。

この見守りシステムを使えば、看護師や介護士がナースコールに振り回されることもなくなります。一般的なナースコールは、部屋からコールがあっても部屋のなかの状況は分かりません。会話はできるので話せる人は言葉で状況を伝えることができますが、会話が難しい利用者の場合はコールが鳴るたびにスタッフは部屋まで行って状況を確認しなければなりません。

行ってみたらまったく緊急性はない用事だった場合でも、コールが鳴れば基本的にすべてが緊急性のあるものだという前提で、昼であろうと夜中であろうとすぐに行かなければならないのです。こうしたことはスタッフの大きな負担につながっていました。

しかし新施設に導入するナースコールは、コールが鳴ると部屋のなかの様子が映し出されるようになっています。そのためどうしてコールが鳴ったのか、緊急性のあるものか見守ることで対応可能なものかなど、居室まで行かなくても的確に判断ができます。これはスタッフの労力を削減するために非常に役立つシステムです。また、従来のコールであれば鳴ったあとに利用者と会話でやりとりをしたうえで、やはり訴えが分からずに現場へ行くということもありましたが、そうしたやりとりが不要になってロスタイムも減らすことができます。

私は施設づくりにあたっては、こうしたロスタイムを減らすことに徹底的に取り組んでいます。働く看護師や介護士が無駄な作業から解放されて余裕をもって働かなければ、利用者の心をケアすることなどできないからです。

障がいをもつ子どもの入浴付きデイサービスも併設

新施設は第1期としてまず48床の老人ホームを建設します。しかし、それだけでは終わりません。1期2期と分けて、高齢者向け施設を運営する以外にもいくつものアイデアが進行しています。

その一つが障がいをもつ子どもを預かる放課後デイサービスと障がいをもつ人向けのグ

ループホームの運営です。施設の外に出て、私は高齢者だけではなく障がいをもつ子どもとその家族が多くの困難を抱えていることを知りました。そのため、障がいをもつ子どもとその家族が地域で孤立せずに過ごせる施設をつくることが新たな目標となったのです。

　デイサービスでは人工呼吸器を装着していたり吸引が必要だったりなど、医療依存度が高い子どもを受け入れて、医療的ケアの提供や入浴のサポート、居場所づくり、家族のレスパイトなどの取り組みが理想です。こうした施設が拠り所になって、家族が少しでも自分の時間をもつことができ、自分の人生を取り戻すことができれば、子どもだけではなく家族のケアもできるようになるはずです。

　同時にグループホームをもつことは、障がいをもつ子どもが成人したあとの居場所づくりにもなります。そのためグループホームでは障がいをもつ人が住み慣れた地域で過ごし続けられるように、あるいは障がいがありながらも親から自立できるようにサポートすることが重要です。

　医療ニーズの高い人を受け入れるには、十分な看護師の配置が欠かせません。幸いにして私のところには志を同じくしている多くの仲間の看護師がいるため、医療ニーズの高い人でも安心して受け入れることができます。

また、私のところには高齢者から子どもまで多くの利用者がいて、ケアする形態も施設から訪問までさまざまです。今は看護師も病院だけではなく多様な活躍の場がある時代ですから、そうしたなかから本当に自分に合った働き方を探すことができるのは働く看護師にもメリットが大きいと感じています。

地域のコミュニティづくりも目標の一つ

私の取り組みは高齢者向け施設と障がいをもつ子ども向け施設、グループホームなどだけにとどまりません。さらに計画しているのは地域のコミュニティづくりです。私は高齢者も障がいをもつ人も、子育て中の人も働く人も、地域で暮らす誰もが気軽に集えるコミュニティスポットをつくります。

まったくの偶然ですが、私が関わる施設の近隣に保育園や幼稚園など子ども向けの施設があることがよくあります。今回の施設も偶然、保育所と隣接している場所に建設することになりました。さまざまな調整は必要になると思いますが、このような機会を活かして高齢者と子ども、あるいは健常な子どもと障がいのある子どもが触れ合える、共生できるような環境をつくろうと考えています。

　昨今、健常な子どもと障がいのある子どもがともに学ぶインクルーシブ教育が盛んに行われています。私の施設はインクルーシブ教育を実現できる場所になれるはずです。子どもの頃から互いに触れ合い、交わり合って過ごすことができれば、無用な差別や偏見もなくなり、互いを認め合い尊敬し合う心が育まれるに違いないと思っています。

　健常な子どもと障がいのある子どもだけではなく、高齢者と子どもや若い世代が触れ合うことも互いにとって大きなメリットがあります。核家族化が進むなかで、幅広い世代が交流することは子どもにとっても心の成長を促しますし、高齢者にとっても生きるパワーがもらえます。

異なる世代との触れ合いは双方にメリット大

　特に、高齢者が子どもから受け取るパワーの大きさは計り知れません。既存の施設でも近隣の保育所の子どもたちが、クリスマスなど季節ごとのイベントで訪問し、歌を披露してくれるなど交流があります。そのときばかりはまるで異世界のように、普段とはまったく違う騒々しさに施設全体が包まれます。しかし決して不愉快な騒々しさではありません。子どもたちのおしゃべりや笑い声、時には泣き声さえもすべては力強い生命力に満ち溢れています。そのような生命力に触れた高齢者は、自然と笑顔を浮かべてくれるのです。

隣接する保育所の子どもとの触れ合いだけではなく、スタッフが産休、育休を取得して、職場に子どもを連れて来ることもあります。私たちの施設では産休や育休を早めに切り上げて職場復帰するスタッフには、子ども同伴で出勤できる制度があるからです。そのようなスタッフがいるときは、申し送りの机の真ん中に赤ちゃんが座っていたり、寝ていたりすることが珍しくありません。寝ている赤ちゃんを囲みながら、皆で打ち合わせをすることもよくあります。

あるいはおんぶ紐で赤ちゃんをおんぶしながら仕事をしていたり、時には介護士が見守ったりするなかで利用者が乳母車を押していたりする環境も日常的にありました。そのようなとき、利用者は満面の笑みを見せてくれます。何よりも生命力の塊のような赤ん坊から、大きなエネルギーを受け取っているのだと私は思っています。

核家族化のなかで、子どもや若い人にとっても高齢者と触れ合うことは貴重な経験になります。私自身、祖父から聞いた戦争体験が人生に大きな影響を与えました。普段触れ合う祖父母よりもさらに人生経験が長い施設の高齢者と触れ合うことは、子どもや若い人にとってもきっと人間的に成長できる機会になるのだと信じています。

地域で暮らすすべての人がコミュニティの主体になれる

コミュニティの主体は高齢者や障がいをもつ人とその家族、あるいは子どもたちだけではありません。地域で暮らすすべての人がコミュニティの参加者です。今、共働き世帯が増加するなかで、子どもの放課後の居場所づくりなども重要な課題になっています。私たちの施設には医療者や介護者、子育ての経験者など多くの人の目があるため、温かい見守りのなかで子どもが過ごす場所を提供することができるはずです。

あるいは地域の親たちに対して子育て相談などにも乗ることができます。私たちの仲間のなかには保健師や助産師の資格をもつスタッフがいます。あるいは障がいをもつ子どものケアに長けた看護師や心理学に詳しい看護師など、さまざまな人材がそろっています。こうした人材を活用して育児に関する悩みを聞くような場を設けることも可能です。

さらに趣味の集まりなどに場所を提供することもできます。新施設は広大な敷地をもつため、さまざまな催し物を開催できる十分な場所があるからです。そして普段からこのように地域とつながれる場所をつくり続けることで、いざ医療や介護が必要になって困ったときに、思い出してもらい、相談できる場所になれるはずです。

実習ができる介護士の学校も開設

高齢者向け施設や障がいをもつ子どものための施設、地域のコミュニティなどに加えて、もう一つこの場所には重要な役割があります。それは教育です。私が「心を起こす」を理念として掲げるようになるまでに、たくさんの介護士と関わってきました。彼らのなかにはお年寄りが好きだったり誰かの役に立ちたいと思っていたり、介護という仕事が大好きなのにもかかわらず志半ばで仕事をやめていった人たちもたくさんいます。私は彼らが仕事につまずいたり悩んだりする根底には、教育の不足があるとずっと考えていました。だからこそ彼らが十分に力を発揮できるように、教育に取り組みたいと真剣に考えていたのです。

そのため新施設の敷地内に学校をつくりました。学校は介護施設や障がい児向けデイサービスよりも一足先にオープンしていて、すでに教育がスタートしています。

　この学校でやりたいことはいくつかありますが、そのうちの一つは実習です。本来ならば医療や介護の分野は、机に向かって教科書を読むだけで学べることは多くはありません。実際に病院や介護施設、在宅などの現場を見て、患者や利用者の様子を肌で感じて初めて学べることがたくさんあるはずです。しかし現状のカリキュラムでは、介護職員初任者研修や実務者研修は実習を受けることなく資格が取得できてしまいます。そのため多くの介護士は、現場について何も知らないまま働き出すことになってしまうのです。

　介護という人の命に関わる仕事であることを考えると、これはあまりに準備が不十分と言わざるを得ません。私自身、初めて介護現場に足を踏み入れたときまで、本当に介護施設というのはゆったりとした時間のなかで笑顔で高齢者が過ごす場所だと思い込んでいました。周囲から聞いた数少ない情報によれば、皆楽しく過ごしているということだったので、一刻を争う状況で治療をしなければならない急性期病院に比べれば、はるかに時間の流れが緩やかだろうと思っていたのです。

　しかしいざ自分自身の目で見てみたら、笑顔で過ごすなどとはほど遠いところでした。これでも私はずっと病院に勤めていて、一般の人より高齢者に接することも多いケースワーカーなどが身近にいたわけです。それにもかかわらず介護現場についてこれほどまでに誤解をしていました。

ならば、それまでまったく医療や介護に関わりのない仕事をしてきた人にとっては、突然放り込まれた現場にショックを受けることがあってもおかしくはありません。事実一定割合の新人介護士が、教科書で学んだこととまったく違うことにショックを受けて早々に職場を去ってしまっているのです。こうした人が再び介護現場に戻ることがなく、せっかく資格を取ったのにまったく違う職業に就いているとしたらこれほど残念なことはありません。

こうしたミスマッチを防ぐため、私は初任者研修や実務者研修を受ける人たちがしっかり現場を体験できる場所を提供したいと考えています。看護師の働き方が多様化しているように、介護士の働く場所も非常に多様化しています。住宅型の介護施設もあればデイサービスもありますし、施設でなければ訪問介護などさまざまな選択肢があるのです。幅広い選択肢のなかで、施設がいいのか訪問がいいのか、自分に合った職場を見つけてほしいと願っています。

介護士は障がいをもつ人のケアもできる専門職

介護士が活躍する場所は高齢者介護の場だけではありません。障がいをもつ人たちをケアする仕事でも活躍が可能です。障がいをもつ人が増えているのに対して、まだケアする体制は十分に整っていません。ケアする人の資格についても、医療行為をする看護師や介護のプロである介護士のように、障がい者をケアする資格というのはしっかり確立されていないのが現状です。そのため実際には介護福祉士や介護職の初任者研修、実務者研修などをもつ人が有資格者としてスキルを活かせる余地が大きいともいえるのです。

障がいをもつ人を支える体制は、今後さらに拡充することも考えられます。そうしたなかで、介護資格の有資格者を配置している施設には報酬上の加算をつけようなどの動きも出て来る可能性は十分にあります。そのように考えると、介護士を目指す人は障がいをもつ人のケアも視野に入れるべきです。

私の学校では初任者研修や実務者研修を目指す人が障がいについて知る機会を得られるように、授業のなかで障がい者のケアについても触れる計画です。資格取得のためのカリキュラムには入っていないため、障がい者施設などを運営する専門家を招いて講義をしてもらおうと考えています。直接話を聞くことで、障がい者施設の魅力や仕事のやりがいなど具体的なイメージがもてるようになればいいと思っています。

心理学のアプローチで介護士の自己肯定感を上げる

新しくつくる学校では、心理面からのアプローチも行いたいと考えています。私が多くの介護士たちと関わってきたなかで強く感じているのが、介護士たちの自己肯定感の低さです。もちろん全員ではありませんが、一部の介護士で必要以上に低い自己肯定感をもっている人がいます。

介護は世の中に絶対に必要な職種ですし、多くの人に感謝されるすばらしい仕事です。本来であれば、自分自身が介護士であることに誇りをもって堂々と胸を張って働いてほしいのです。ところが正しい自己肯定感をもつことができずに苦しんだり、そのことで人間関係や仕事上のトラブルを抱えたりしてしまう介護士がいます。私はこのことがずっと気になっていました。

看護師は大なり小なり自分なりの看護観をもっています。介護士に介護観を話してもらうと、多くの場合、利用者を幸せにすること、利用者の笑顔を見ることなどという答えが返ってきます。その答え自体はまったく問題がないのですが、利用者を幸せにするために自分が犠牲になってはいけません。介護士の自己犠牲のうえに成り立つ利用者の幸せなど、あるはずがないからです。

自分を低く見て、自分を犠牲にするというマインドは絶対にリセットしなければなりません。そしてこのように自己肯定感が低く、自分自身を認められない状態を改善するには心理学の手法が役立つと私は思っています。例えば私自身、選択理論心理学という分野を学んだ経験があります。選択理論心理学とは、人間には愛や力、生存、自由、楽しみなどの基本的欲求があり、この欲求を満たすために願望をもって行動するという考え方です。こうした仕組みを理解して、良い行動や習慣を繰り返すことで人間関係を築いていきます。

私にとってこうした学びは、その後の人生にとても役立ちました。世の中の悩みやトラブルの多くは人間関係に起因するものですが、心理学を学ぶことで人との付き合いに対する自分のとらえ方が変わったからです。心理学を学ぶことによって相手をコントロールしようとか、他人を変えられるとかいう発想から解放されて、自分自身のストレスが大きく軽減されました。

　こうしたアプローチは介護士が正しい自己肯定感をもつためにもきっと有効だと考えています。そして正しい自己肯定感をもつことで、利用者との関係やほかのスタッフとの関係も円滑になるのではないかと考えています。なぜなら利用者と介護士の関係も、信頼関係や人間関係のうえに成り立っているからです。介護技術を学ぶことと同様に、人間関係の構築方法を学ぶことは重要なのです。

　実は私が経営する既存の介護施設では、すでにこうした心理学の研修プログラムを取り入れていて、成果を出しています。心理学を学ぶことで利用者との関係やほかのスタッフとの関係が円滑になりますし、自分自身の仕事に誇りをもったり、自己肯定感を上げたりすることなどにつながっています。

　研修のあとには自分のこれまでを振り返るワークも行います。そこで自分自身の癖や考え方、抱えている問題点などに自ら気づくケースもよくあります。特別に講師から指摘されるわけでもなく、私はこういうときに言い方がきついかもしれないとポロッとつぶやくことがあるのです。自分自身で気づくことができたら、変化は早く訪れます。自分自身の気づきは、他人から数百回指摘されるよりももっと高い効果があるのです。

介護職が医療的ケアを行うための研修も提供

介護福祉士や、初任者研修、実務者研修などを終えた介護士が喀痰吸引などの医療的ケアをできるようにするための実習も行う計画です。

２０１２年に社会福祉士及び介護福祉士法が一部改正されて、介護福祉士と一定の研修を受けた介護士が痰の吸引などの医療的行為を実施できるようになりました。実施できるのは口腔内、鼻腔内、気道を確保するための管である気管カニューレ内部の痰の吸引、そして手術で腹部に小さな孔を開けてチューブで直接栄養を送る胃ろう、腸ろう、鼻や口からチューブを入れて栄養を送る経鼻経管栄養などの経管栄養です。

喀痰吸引では機材を使って咽頭の手前までの部分について、介護士が痰の吸引を行います。経管栄養ではチューブなどを通して栄養剤の注入を行います。

喀痰吸引は高齢者にとって必要な医療行為です。例えば健康な人であればほこりや細菌などの異物が気道に入れば、咳などとともに痰として異物を自力で排出できます。しかし呼吸機能や嚥下機能が低下している寝たきりの高齢者などは、自力で痰を出すことができないため吸引器などを使って痰を吸い出すケアが必要です。痰の吸引は高齢者だけではなく、パーキンソン病や筋萎縮性側索硬化症（ＡＬＳ）、筋ジストロフィーなどさまざまな病気が原因でも必要になります。また、さまざまな理由で口から食べることができなくなった人に対しては、胃ろうなどの経管栄養は有効な手段です。

高齢者や障がいをもつ人、病気の人にとって痰の吸引も経管栄養もなくてはならない大切な行為です。しかしかつてはこうした行為が医師と看護師しか実施できず、大きな問題となっていました。あるいは在宅では医療者以外には家族にしか実施が認められておらず、家族の負担が大きいという課題もありました。そこで一定の研修を受けた介護士は、痰の吸引と経管栄養は実施ができることになったのです。

今後さらに高齢化が進展していくことを考えると、一定の要件のもとで介護士にも喀痰吸引などを認めたことは大きな進歩といえます。しかし現状では、介護士が喀痰吸引などを学ぶための実習施設が不足しているという課題があるのです。

医療的行為を教えるのはほとんどの場合看護師ですが、講師になれるほどの人材を多く抱えている介護施設はあまりありません。一方で病院が介護士を実習生として受け入れることができればいいのですが、とてもそこまでの余裕はないのが現状です。

私の施設には経験豊富な看護師が多数在籍しているため、介護士を受け入れて喀痰吸引や経管栄養の実習を行うことが可能です。同時に、喀痰吸引などを教える講師になるにも一定の講習を修了することが必要ですから、看護師に対してこのような講習も提供していくことが重要です。

人と人とがともに笑い、ともに泣ける場所

このように新施設では高齢者介護、障がい児ケア、グループホーム、教育、地域のコミュニティ活動など、私がこれまで介護に必要だと感じていたものすべてが凝縮されています。ここは利用者、介護士、看護師という垣根を取り払い、人と人とがともに笑い、ともに泣ける場所になるはずです。

垣根を取り払うのは利用者と介護士だけではありません。高齢者も子どもも、障がいをもつ人もそうでない人も、すべての人が寄り添い、交わり合ってともに過ごせる空間にしたいと本気で願っています。

高齢化で世界のトップを行く日本には、乗り越えなければならない壁がいくつもありま

す。しかし、課題が多いからこそチャンスもまた多いと私は考えています。これから多くの先進諸国が本格的な高齢化を迎えるなかで、日本はいち早く課題を解決し、世界に手本を示すことができるはずです。

世界の手本などと大きなことをいいましたが、私にできることはそれほど多くはないかもしれません。しかし、鳥がさえずり、風がそよぎ、水音が聞こえる、自然豊かなこの場所で、私はこれからも一人ひとりの利用者と笑ったり、泣いたりしながら向き合っていきたいと思います。それこそが「心を起こす」ことにつながり、介護士も利用者もすべての人を幸せにする介護だと信じているからです。

おわりに

51歳で介護施設の経営者として初めて起業した私が全力で取り組んできたのは、自らの経験を活かして、看護と介護の境目ない、誰も取り残さない地域包括ケアの実現でした。

視察で訪れたフランスで在宅入院制度のきめ細かいシステムを実際にこの目で見て学んだ体験は、私にとって大きなターニングポイントでした。医療や福祉分野だけでなく、社会全体でほかの業種の力も借りて、みんなで支え合う仕組みを日本で実現したいと感じてきたなかで、総合物流会社の企業グループ傘下に入れていただくことができたことは本当に幸運であり、すばらしい出逢いであったと思っています。この出逢いがきっかけで、物流網を活かした、これまでにないきめ細かな介護ケアが可能になる目処が立ちました。医療そして介護だけでなくロジスティクスなど他業種を巻き込んでいくシステムがしっかりと確立できれば、これから大きな可能性が広がっていくはずです。

さらに、私が関わる施設が保育所の隣に建つことになったことで、お年寄りや障害をもつ子どもも触れ合い、共生できる場となっていけるはずです。インクルーシブ教育が誰も排除せずに包み込んでいく教育を意味するとおり、私の施設でも差別や偏見のない、互いを認め合える心を地域の人たちの理解を受けながら育んでいくつもりです。

まだまだ私の夢は道半ばです。私がソフト面での大きな課題と長年感じてきた介護士の教育研修体制の確立に向けて、施設のなかではすでに取り組みが本格的に動き出しています。そして、真の意味で地域に根ざして、街づくりの核となる地域に開かれたナーシングホームを整備していくことで、福祉サービスが地域共生型の街づくりの核となっていけるはずです。そうすることによって、ケアされる側や、課題だった担い手の介護士だけでなく、周りをとりまく地域の人たちにも笑顔が広がっていく、そんな街づくりの実現につなげていきます。

こうした取り組みは、もちろん私一人でできるものではなく、多くの人たちの理解とサポートがあったからこそ実現できていることだと感謝しています。

本書が介護業界に従事する人、そしてお年寄りや障がいをもった子どもたちを支える家族に、福祉の将来への確かな希望を広げていってくれることを願っています。

大石茂美

【プロフィール】

大石茂美（おおいし・しげみ）

株式会社POLTE BONHEUR代表取締役社長
1968年大阪府岸和田市生まれ。高校卒業後、歯科助手、宝石鑑定所などで働くもバブル崩壊をきっかけに医療業界へ転職。看護助手、准看護師、正看護師とステップアップしながら急性期病院を中心におよそ20年間キャリアを積む。所属する医療法人の介護施設長などを経て、2019年に株式会社POLTE BONHEUR（ポルトボヌール）を設立し、訪問看護事業などを展開。2021年に間口ホールディングス株式会社グループ企業となり、現在に至る。

本書についての
ご意見・ご感想はコチラ

起業家ナース

2023年1月31日　第1刷発行

著　者　　大石茂美
発行人　　久保田貴幸

発行元　　株式会社 幻冬舎メディアコンサルティング
〒151-0051　東京都渋谷区千駄ヶ谷4-9-7
電話　03-5411-6440（編集）

発売元　　株式会社 幻冬舎
〒151-0051　東京都渋谷区千駄ヶ谷4-9-7
電話　03-5411-6222（営業）

印刷・製本　中央精版印刷株式会社
装　丁　　弓田和則
装　画　　伊藤水月

検印廃止

Printed in Japan
ISBN 978-4-344-94159-5 C0034
幻冬舎メディアコンサルティングＨＰ
https://www.gentosha-mc.com/